ASSIS AZEVEDO
ditado pelo espírito João Maria

SONHOS
PERDIDOS

boanova editora

Instituto Beneficente Boa Nova
Entidade coligada à Sociedade Espírita Boa Nova
Av. Porto Ferreira, 1.031 | Parque Iracema
Catanduva/SP | CEP 15809-020
www.boanova.net | boanova@boanova.net
Fone: (17) 3531-4444

1ª edição
De 1º ao 10º milheiro
10.000 exemplares
Junho/2011

Direção de Arte
Francisco do Espírito Santo Neto

Capa e diagramação
Tutano Designer e Editorial
Julio César Luiz

Revisão
Hiêda Rodrigues da Silva

Coordenação Editorial
Julio Cesar Luiz

O produto da venda desta obra é destinado à manutenção das atividades assistenciais da Sociedade Espírita Boa Nova, de Catanduva, SP.

1ª edição: Junho de 2011 - 10.000 exemplares

Dados Internacionais de Catalogação na Publicação (CIP)
(Câmara Brasileira do Livro, SP, Brasil)

Maria, João (Espírito) .
Sonhos Perdidos / ditado pelo espírito João Maria ; [psicografado por] Assis Azevedo. -- Catanduva, SP : Boa Nova Editora, 2011.

ISBN: 978-85-99772-80-5

1. Espiritismo 2. Ficção espírita
3. Psicografia I. Azevedo, Assis II. Título.

11-05516 CDD-133.93

Índices para catálogo sistemático:
1. Ficção espírita : Espiritismo 133.93

Impresso no Brasil/*Presita en Brazilo/Printed in Brazil*

SUMÁRIO

O ACIDENTE

1º CAPÍTULO

Os ponteiros de um velho relógio da praça pública, iluminados parcamente por uma lâmpada suja, marcavam duas horas de uma fria madrugada de sábado. Nas últimas horas havia chovido bastante, deixando o tempo úmido envolvido por um nevoeiro que encobria parte da cidade. O centro da grande metrópole estava deserto, mostrando um lado que é oculto durante o dia. O mundo que se apresenta quando a noite chega é totalmente diferente daquele que estamos acostumados a ver sob a luz do astro rei.

Há outro tipo de gente que busca na noite recursos para sobreviver, ou seja, as pessoas que vivem clandestinamente, como as alienadas a uma vida duvidosa e mundana. Prostitutas, viciados, traficantes, assaltantes e moradores de rua são os donos das noites frias e chuvosas da grande cidade. Vários são os motivos que levam essas criaturas a exercerem suas atividades ilícitas quando o sol adormece, deixando a Terra envolta no manto escuro que cai sobre o mundo.

Com o olhar perdido num ponto fixo, aparentando uns trinta e três anos de idade, um homem branco, de altura mediana, cabelos castanhos-escuros e corpo magro, encontrava-se sentado na calçada da esquina de um velho prédio, fumando, com o olhar fixo como se estivesse tentando enxergar algo além do nevoeiro, enquanto pensava: "Meu Deus, o que fiz da minha vida? Não tenho mais nada de valor, nem material e muito menos afetivo. Não sei o que sou realmente, se um ser humano ou o resto daquilo que fui um dia. Hoje me considero um verdadeiro lixo".

Ao examinarmos aquela criatura, observamos em seus gestos certa educação e os traços finos de um verdadeiro cavalheiro, apesar dos trajes sujos e surrados e do aspecto amargurado cravado no rosto delgado, fruto de vícios e noites mal dormidas.

O desconhecido continuou meditando, mas logo foi interrompido pela vontade incontrolável de se drogar. Já havia ingerido bebidas alcoólicas e usado drogas durante o dia, perdendo às vezes a noção de tempo e espaço, só se acalmando quando fumava uma pedra de *crack* num cachimbo apropriado para isso. O efeito era imediato, dando-lhe um pouco de euforia e fazendo com que esquecesse, ainda que por minutos, a sua verdadeira realidade e até a própria identidade.

Após fumar uma pedra da perigosa droga de péssima qualidade, ergueu-se e se sentiu mais leve, olhou o tempo e teve uma sensação de que tudo estava muito bem. Caminhou com passos cambaleantes, ora se sentindo alegre e rindo à toa, ora parando um pouco para se orientar. Depois de verificar onde estava, continuou seu percurso em direção a uma parada de ônibus, passando por bares onde o movimento era intenso. Nunca ficava no mesmo lugar e estava sempre fugindo de alguma coisa ou de si mesmo. Perdeu a noção de sofrimento, pois não sabia se estava feliz ou se tudo estava bem consigo. Ele simplesmente havia perdido a noção do certo e do errado, do prazer e da dor, doença e saúde, enfim, até mesmo o seu nome era difícil de lembrar.

Ao chegar numa avenida pouco iluminada, ainda com o asfalto úmido e cheio de poças d' água deixadas pela chuva que caíra fortemente durante quase meia hora, o estranho homem ficou olhando para o outro lado, onde pegaria um ônibus que o levaria para casa – um quarto fétido no fundo de um terreno baldio, construído de tábua e coberto com folhas de zinco –, e ali permaneceria um tempo antes de voltar às ruas em busca de mais drogas.

O homem demorou-se parado por alguns minutos, observando o vaivém de carros na avenida, onde transitavam veículos em alta velocidade, até que resolveu caminhar com passos incertos e inseguros, tentando atravessar a perigosa via, em direção ao tal ponto de ônibus. De repente ouviu o "cantar de pneus no asfalto" e imediatamente sentiu que algo se chocava contra o seu corpo. O impacto foi tão violento que no mesmo momento sentiu-se voando involuntariamente, caindo sobre o jardim que ficava entre as duas mãos da avenida.

Depois do ocorrido, veio o silêncio.

O homem manteve-se imóvel, enquanto ouvia gritos e comentários de várias pessoas.

– Meu Deus, tão novo e morreu de uma maneira trágica – dizia um curioso.

– Ele tem traços de "bacana" – comentou um rapaz, com jeito de viciado.

– O motorista do veículo não teve culpa. Foi o rapaz quem atravessou a rua e praticamente se jogou na frente do carro – disse uma moradora de rua, com os braços cruzados.

– Eu acho que esse moço estava bêbado. E se não viu o carro, deve ter se jogado na frente dele propositadamente, querendo se suicidar – comentou um bêbado, gesticulando e falando alto como se estivesse discursando para uma multidão.

"Não sei por que essa gente está comentando que estou

morto se ouço e vejo tudo que se passa", pensou o acidentado. "Acho que não me examinaram corretamente, mas assim que a ambulância chegar com o socorro, com certeza os paramédicos irão verificar que ainda estou vivo e serei encaminhado a um hospital. Vou aproveitar para descansar e, se possível, dormir um pouco".

Após trinta minutos, o pessoal do socorro chegou e começou a examinar o acidentado. Alguém apoiou o dedo em sua veia jugular, abriu os olhos dele e focou uma pequena lanterna; depois, com um gesto de desânimo, ou talvez aliviado, olhou ao redor, pôs a mão no queixo e ficou observando o movimento em silêncio. "Menos um vagabundo para dar trabalho neste mundo", pensou.

– Vamos levá-lo para o necrotério – ordenou aquele que parecia ser o responsável pela operação. – O rapaz já está morto.

Em seguida a polícia chegou para verificar a ocorrência e teve dificuldade em identificar o corpo, pois somente encontrou um papel plastificado molhado, semelhante a uma identidade, no qual a muito custo ainda se podia ler o nome Sandro Luís, possivelmente o nome daquele homem que morrera atropelado.

Sandro Luís foi conduzido pelo pessoal do pronto-socorro ao IML.

Após um tempo indeterminado, ergueu-se no mesmo lugar em que se acidentara, caminhou em direção à parada de ônibus que ficava perto e sentou-se. Observou os veículos transitarem na avenida, quando de repente, espantado, olhou a própria roupa e observou que havia muito sangue. Sentiu a cabeça doer, levou a mão ao local dolorido e notou que um filete de sangue não parava de escorrer de um corte aberto do alto da cabeça até o queixo. Entrou em pânico, desesperadamente tentou caminhar e não foi capaz, sentia dor por todo o corpo, como se estivesse muito machucado. Insistiu mais uma vez, mas não conseguiu se deslocar. Tirou a camisa e a colocou sobre o corte para estancar o sangue; entretanto, isso não foi o suficiente. Resolveu falar com as pessoas que esperavam o ônibus, mas essas pareciam surdas. Mesmo gritando, ninguém o ouvia; então, sentiu-se desfalecer.

Despertou algum tempo depois e começou a chorar. Desequilibrou-se e entrou em total desespero, pois não entendia o que lhe estava acontecendo. Sentia falta de ar, a boca seca, enquanto uma ansiedade incontrolável assumia aos poucos o controle de si. A cabeça doía terrivelmente, a ponto de pensar que iria explodir a qualquer momento. O corpo tremia e o mal-estar causado pela ânsia de vômito e dor no estômago era tão grande que se assemelhava àquele experimentado pelos viciados quando sentem a tal "síndrome de abstinência". Além disso, sentia muita dor, em virtude dos cortes e escoriações espalhadas por todo o corpo. Impotente diante de sua situação, chorou. "Se pelo menos tivesse alguma coisa para me acalmar", pensou. O corpo reclamava por drogas. Nesse exato momento pensou nos locais que frequentava quando precisava de drogas e, para sua surpresa, como num passe de mágica, viu-se circulando dentro de uma turma "pesadíssima", que trocava entre si favores inerentes aos viciados, oferecendo uns aos outros rodadas de bebidas e drogas de todos os tipos.

Ele saudou os indivíduos que estavam na "festa", mas por não ser ouvido, começou a se desesperar, a ponto de começar a correr pelas avenidas sem destino ou direção. Sentia sede, fome, todavia não conseguia se alimentar e nem beber. Resolveu sentar-se no meio-fio de uma rua e novamente chorou. "Meu Deus, o que está acontecendo comigo? Nunca passei por essa experiência! Preciso descansar um pouco. Acho que estou muito doido e é por isso que não consigo concatenar as ideias", pensava. Fechou os olhos e tentou descansar, mas foi em vão, pois estava tão perturbado que só tinha vontade de sair correndo. E foi o que fez.

E assim alguns anos se passaram, até que um dia Sandro Luís, cansado, sentindo dores indescritíveis e bastante perturbado, parou em frente ao portão de uma grande mansão. Neste exato momento ele se viu dentro de uma ampla sala, limitando-se apenas a observar aquele lugar, com quadros e uma escada bem cuidada, que levava ao andar superior. "Ainda me lembro quando éramos crianças e brincávamos nesta sala, subindo e descendo a escada", pensou. Algo chamou sua atenção, olhou para um determinado local e viu um casal sentado à mesa, fazendo uma refeição. "Vou perguntar a minha irmã e a meu cunhado se posso dormir aqui por enquanto", pensou. Observou que ninguém lhe prestava atenção, sentou-se num degrau da escada e esperou o melhor momento para abordar a irmã e o cunhado. De repente ouviu o barulho de passos de alguém na escada, e para sua surpresa viu seus pais de mãos dadas. O pai amparava a mãe e ambos aparentavam a idade de setenta anos.

Os genitores desceram e foram sentar-se num sofá, que ficava no grande salão, afastado da mesa onde o casal fazia a refeição.

A senhora chorava, enxugando o rosto com um lenço que trazia consigo, lamentando-se para o marido, que se encontrava sentado ao lado.

– Feitosa, o maior presente que Deus poderia me dar seria o de ver o meu querido filho Sandro Luís antes de deixar este mundo – disse ela, continuando a enxugar as lágrimas. – O que terá acontecido com o meu menino? Será que ele ainda está vivo?

Em silêncio, Feitosa ouvia a distinta senhora e tentava acalmá-la:

– Minha querida, tenha calma. O nosso filho deve estar muito bem. Você está se preocupando sem motivo.

Maria Antônia, esposa de Feitosa, não aceitava a versão do marido, o coração de mãe dizia que algo de muito ruim havia acontecido com o filho caçula, Sandro Luís. Porém ela não sabia o quê, pois fazia muito tempo que ele sumira da convivência familiar.

Após a refeição, Cristina Maria e o esposo, Flávio, se aproximaram do casal, sentando-se num sofá ao lado. Cristina, calma, mas preocupada, comentou:

– Mamãe, a senhora precisa descansar e deixar de se preocupar com o Sandrinho. Talvez ele esteja muito bem.

– Filha, a minha intuição de mulher diz que aconteceu algo de muito ruim com o meu filho.

– Dona Maria Antônia, o meu cunhado deve ter viajado para outro país sem dar qualquer satisfação à família. – Flávio também quis acalmar a sogra.

Feitosa permanecia calado e pensava: "O Sandro Luís já deve ter morrido, pois a vida que levava não lhe deixava alternativa. Todos da família sabiam que ele era viciado e que havia abandonado tudo, inclusive a esposa e os dois filhos, para se dedicar completamente a uma vida no submundo do crime. Pois para sustentar o vício, virou joguete nas mãos dos traficantes, fazendo pequenos 'serviços' em troca de droga".

Os outros conversavam, enquanto ele continuava pensando: "Como é difícil viver neste mundo. O próprio sistema faz a vida se tornar muito cruel com aqueles que não aceitam o seu esquema. O meu filho foi completamente abandonado por todos, inclusive por nós, exatamente porque ele nunca aceitou as imposições da sociedade, principalmente quando assumira, praticamente ainda menino, as responsabilidades da nossa empresa. Ele começou a ver a face podre de um negócio capitalista que não respeita ninguém quando se trata de auferir grandes lucros à custa do sofrimento de alguém."

Feitosa e Maria Antônia tiveram três filhos: Marcos, Cristina Maria e Sandro Luís, todos formados em Economia e Administração. Eles foram instruídos para assumir os negócios da família, dando prosseguimento ao ideal de Feitosa de multiplicar o pequeno capital que ele herdara da família.

Atualmente, Cristina Maria era uma das diretoras da empresa e Marcos era o vice-presidente, devendo assumir a presidência somente quando o pai falecesse.

Sandrinho formou-se em Economia, especializando-se em Administração de Empresas nos Estados Unidos, porém o seu grande sonho era tornar-se músico, mas a família foi contra a sua vocação de artista e o forçou a se tornar um empresário.

Enquanto a família conversava, sentada em confortáveis poltronas, preocupada com o desaparecimento do rapaz há quase cinco anos, Sandro ouvia a conversa, surpreendendo-se com as novidades abordadas a seu respeito, principalmente quando falavam que ele havia desaparecido.

Ergueu-se surpreso e sentou-se numa cadeira próxima à mãe, abraçando-a com ternura.

– Mamãe, eu não morri e nem fui embora! – disse ele. – Estou aqui, vocês não me veem?

Maria Antônia e Cristina Maria sentiram um grande mal-estar, deixando os homens preocupados com as duas. Queixaram-se de dores, enquanto o espírito Sandro Luís continuava falando com a mãe, implorando:

– Mamãe, não me abandone! Estou muito doente, preciso de vocês! Não aguento mais tanto sofrimento!

Nesse momento, Flávio, que era espírita mesmo contra a vontade da esposa, que não acreditava naquela religião, levantou-se decidido e disse:

– Estou sentindo a presença de um espírito muito doente e perturbado.

– O que você quer dizer com isso? – perguntou a esposa, com as sobrancelhas arqueadas, num sinal visível de que não acreditava no marido.

– O que você ouviu – respondeu o marido. – Vamos fazer o Culto do Evangelho no Lar imediatamente.

Como era uma pessoa cética e prática, Cristina Maria encarou o marido e disse severamente:

– Acho melhor você tomar muito cuidado com esses malucos com os quais anda se encontrando, senão logo o veremos num hospício.

O pai olhou para a filha e repreendeu-a dizendo:

– Querida, nunca fale daquilo que desconhece. Já ouvi falar sobre a Doutrina Espírita e somente tenho obtido informações boas a seu respeito, principalmente em relação aos trabalhos que os espíritas fazem pelo próximo.

Já um pouco melhor, Maria Antônia pediu com calma:

– Vamos, meu filho, fazer o culto. Não sou espírita, sou católica, entretanto o Evangelho de Jesus é o mesmo.

CULTO DO EVANGELHO NO LAR

2º CAPÍTULO

Flávio foi até uma estante e voltou trazendo um exemplar de "O Evangelho Segundo o Espiritismo". Após acomodar-se numa cadeira, pediu que todos ficassem ao redor da mesa localizada no amplo salão, em seguida solicitou que alguém fizesse uma prece.

Maria Antônia fez a prece:

– Nosso bem amado Jesus Cristo, filho de Maria Santíssima, ajuda-nos a encontrar a paz desta casa, pois sabemos que, apesar dos bens materiais de que somos detentores, falta-nos tranquilidade de espírito. Filho de Deus, nós suplicamos humildemente a Sua ajuda para encontrarmos o nosso filho Sandro Luís, que desapareceu sem deixar notícia. Por isso, em Seu nome e em nome de Deus, iniciamos o nosso culto do Evangelho no Lar.

Após a prece, todos perceberam o ambiente melhorar, ficando mais leve, e o mal-estar que as mulheres sentiam desapareceu.

Flávio aproveitou para abrir o Evangelho e ler um trecho contido no capítulo V, item 23, sobre "Os tormentos voluntários", que diz: *O homem está incessantemente em busca da felicidade que lhe escapa sem cessar, porque a felicidade sem mescla não existe na Terra. (...) (FÉNELON, Lyon, 1860).* Após a leitura, o dirigente da reunião pediu que alguém comentasse a respeito do assunto lido.

Feitosa, que estava atento à leitura do Evangelho, disse que faria o comentário. Ergueu-se e, com ar triste, fez sua explanação:

– Meus amigos, eu não entendo quase nada de religião, pois desde criança fui muito dedicado ao trabalho, não me restando tempo para dedicar-me a uma religião, hoje estou arrependido, porque sei o mal que está nos causando o meu descaso com as coisas de Deus.

Parou e respirou um pouco, depois continuou:

– Quanto à mensagem que Flávio terminou de ler, minha opinião é muito simples e concisa. Se entendermos que a felicidade está nos bens materiais que acumulamos com o passar dos anos, estaremos totalmente enganados. Estou praticamente me despedindo deste mundo e para onde vou não levarei absolutamente nada, a não ser o bem que fiz nesta vida, assim como vou ter de pagar por todo mal que causei ao meu próximo. Quanto aos bens, eles vão continuar neste mundo material, para servir de aprendizado a outros espíritos. Apesar de não ser espírita, sou simpatizante dessa Doutrina e, portanto, obrigado a reconhecer que ela está certa.

O velho patriarca calou-se e baixou a cabeça.

Flávio perguntou se alguém queria falar mais alguma coisa, porém todos permaneceram calados.

Sentado perto da mãe, que estava chorando, o espírito Sandro Luís não aceitava aquela situação, pois não estava morto.

– Meus pais, minha irmã, Flávio, vocês não estão me vendo? – indagou ele, em voz alta. – Estou sentado junto a minha mãe! O que meu pai falou não procede! Eu só estou doente, precisando de cuidados médicos, mas logo me recuperarei!

Flávio fez a prece final do culto e deu por encerrada a reunião.

Todos permaneceram em silêncio, até que Cristina Maria comentou com um sorriso irônico:

– Não vejo motivo para tanta pieguice. Sempre cumprimos com o nosso dever cristão junto à Igreja Católica, inclusive assistimos às missas quando podemos e damos nossa contribuição mensal. Portanto, não posso concordar com a explanação que o meu pai fez.

Um pouco tenso e incomodado com as palavras irônicas da esposa, quase se irritando, Flávio, com voz calma, porém firme, rebateu o comentário de Cristina Maria:

– É aí que se encontra todo o problema do mundo.

– Como assim, Flávio? Não estou entendendo.

– Nós nos preocupamos em seguir as conveniências sociais, achando que cumpriremos com o nosso dever frequentando aos cultos das religiões vigentes.

– Meu filho, e você acha que isso não é cumprir com a nossa obrigação para com Deus? – perguntou Maria Antônia confusa com aquela explicação do genro.

– Claro que não. Estamos apenas seguindo uma conveniência da Igreja, todos os domingos, ao assistirmos à missa e contribuirmos com o dízimo. Precisamos muito mais do que isso para entender que estamos evoluindo espiritualmente.

O rapaz respirou profundamente, pensou e continuou a explicação:

– Não é só quando temos tempo disponível para frequentar a missa e fazendo doações que estaremos salvos, como pensam os católicos e os evangélicos. Se assim fosse, estaríamos relegando o nosso Deus a um segundo plano, principalmente quando O colocamos abaixo da matéria.

– Então, o que devemos fazer para alcançar o reino de Deus, como nos fala o próprio Evangelho?

– Minha sogra, em Sua máxima aos fariseus, Jesus resume todo o aprendizado do homem na Terra: *Ama a Deus de todo teu corpo, de todo teu espírito e de toda a tua alma e ao próximo como a si mesmo*. Se conseguirmos cumprir este belo ensinamento, alcançaremos o reino de Deus, pois o mal deixará de existir e somente o bem prevalecerá, não havendo mais guerras, fome, violência, abandono do menor e do idoso carente. Nessa época estaremos todos amando a Deus verdadeiramente e, por consequencia, ao próximo como a nós mesmos.

– Mas eu amo a Deus e ao meu próximo – disse Cristina Maria com ar de aborrecida.

Flávio encarou a esposa e perguntou-lhe:

– O que você faz para demonstrar esse amor?

Ela ficou calada, pois tentou se recordar de algo que fez de relevante ao próximo e não conseguiu.

Sandro Luís estava completamente boquiaberto com aquela discussão e somente agora tomava conhecimento de que realmente nunca havia ligado para dinheiro, e se o tivessem apoiado, hoje seria um grande artista, um grande músico.

Flávio e Cristina Maria despediram-se dos pais e foram dormir.

Feitosa e Maria Antônia subiram com destino aos seus aposentos.

Sandrinho não quis acompanhar a equipe de espíritos que

estava presente, participando do Culto do Evangelho no Lar. Se antes estava mais calmo, por causa da reunião, agora sua inquietude voltava. Desesperado e em prantos, ele não aguentava mais sofrer, pois durante os cinco anos após sua "morte" não tivera sequer um minuto de paz, sempre padecendo pelo vício das drogas. Frequentemente encontrava parceiros desencarnados que o colocavam dentro das "festas" dos encarnados, onde ele se drogava através das emanações tóxicas exaladas dos viciados.

Após andar de um lado para outro no grande salão, ele pensou: "Estou precisando de algo bem forte, senão vou enlouquecer". Depois de pensar isso, saiu correndo feito um louco, parando um pouco para descansar e se surpreendendo por sempre estar em um lugar diferente. Agora se encontrava no meio da rua onde fora atropelado, sentindo as mesmas dores que sentira durante o desencarne. Pensou no cunhado Flávio e imediatamente se encontrou ao lado do leito dele, observando-o dormir.

– Flávio, ajude-me, por favor! – pediu ele. – Não consigo mais encontrar forças para suportar essa dor terrível que sinto.

O cunhado apareceu ao lado dele, pois se encontrava fora do corpo físico.

– Sandro, meu amigo, dê-me um abraço – disse ele, abraçando o espírito.

O cunhado ficou surpreso. Não entendia como Flávio podia falar com ele normalmente, mas aproveitou para desabafar:

– Meu cunhado, você está me ouvindo? – perguntou ele. – Não acredito!

– Claro, Sandrinho, pode falar. Estou ouvindo tudo – respondeu o cunhado. – Por onde você andou todo esse tempo sem dar notícia?

– Andava por aí, como sempre. Só não estou entendendo porque hoje à noite vocês fizeram uma reunião chamada "Evangelho no Lar", da qual eu também participei, e me trataram como uma pessoa morta.

– Ah, então é por isso que senti a presença de alguém. Mas graças a Deus você está bem.

– Pelo amor de Deus, meu cunhado, ajude-me! Estou doente, com fome, sede, frio e sem saber o que está acontecendo comigo.

Flávio olhou para o cunhado e penalizou-se com o estado dele, notando, inclusive, que a sua cabeça sangrava sem cessar, além de ter escoriações por todo o corpo.

– O que aconteceu com você, Sandrinho?

– Não sei exatamente o que aconteceu. Só me lembro que um dia, quando atravessava uma rua, fui atropelado. Mas não foi nada grave, porque estou normal, andando e vivendo assim, como você está vendo.

Flávio viu uma pessoa simpática se aproximar, de aspecto bom, que os saudou:

– Que a paz de Nosso Mestre Jesus esteja nesta casa!

Flávio perguntou quem era e o que estava fazendo em seu quarto.

O desconhecido, um homem ainda muito jovem, respondeu:

– Não tenha receio. Sou do bem e vim ajudar o meu irmão Sandro, pois só agora pude me aproximar.

Sandro ficou olhando para o desconhecido quieto e desconfiado, já com vontade de ir embora. Contendo-se, ele arriscou a perguntar:

– O que você quer comigo e como se chama?

O rapaz desconhecido, mostrando uma calma até irritante, respondeu com educação:

– Eu me chamo Dorival. Sou seu amigo espiritual, ou um anjo da guarda, se vocês preferirem. O certo é que estou aqui para ajudá-lo.

Meio cismado com a presença daquela criatura em seu quarto, Flávio também perguntou:

– Como você vai ajudar o Sandrinho? Veja o estado dele – disse, apontando para o cunhado. – Além disso, parece que no momento ele só está precisando de um médico, você não acha?

Com muito cuidado para não perder o pupilo, logo agora que havia encontrado um clima propício para levá-lo a uma colônia espiritual, Dorival respondeu:

– Meu irmão Flávio, nós sabemos que você é espírita e, portanto, deve conhecer a Doutrina Espírita, principalmente um de seus princípios básicos, que fala na imortalidade da alma.

– Sim, conheço.

– Então, preste bem atenção: você ainda é um espírito encarnado, encontrando-se fora do corpo porque ele está em repouso. Quanto ao nosso irmão Sandro, ele já desencarnou e encontra-se no mundo invisível, necessitando urgentemente da ajuda que somente os nossos hospitais espirituais podem oferecer, tendo em vista que o mesmo não pertence mais ao mundo dos encarnados.

Sandro ficou pasmo e com muito medo do que ouvira, e imediatamente perguntou:

– Você está dizendo que eu já morri?

– Mais ou menos, meu irmão. Você continua vivo, mas o seu corpo material já não existe.

– Então, como estamos conversando? – indagou Sandro curioso. – Se tivesse morrido, eu não existiria mais, estaria sendo comido por vermes num caixão qualquer debaixo da terra.

– Sandro Luís, você está completamente enganado. Jamais morremos, porque somos imortais. É o seu corpo físico, que vestiu o seu espírito durante a existência como encarnado na Terra, que está se deteriorando.

Flávio olhou para Sandro e prestou atenção, notando realmente que o seu cunhado havia desencarnado, possivelmente no acidente narrado por ele. Por curiosidade, ele perguntou ao cunhado:

– Sandro, lembra-se do acidente que você sofreu?

– Claro.

Sandro Luís narrou o ocorrido com ele desde o acidente até aquele momento, inclusive o seu sofrimento.

Assim, Flávio teve certeza de que o cunhado havia desencarnado e no mesmo instante dirigiu-se a ele, dizendo:

– É melhor você acompanhar o nosso amigo Dorival, porque o propósito dele é ajudá-lo.

Sandro Luís estava meio cismado com aquele desconhecido, por isso perguntou:

– Dorival, por que você está tão interessado na minha recuperação?

Dorival sorriu com ar de muita bondade e paciência e respondeu:

– Deus, o nosso Pai Eterno, jamais nos abandonou e você fez muita caridade às pessoas sofredoras, mesmo sem ter uma religião. Essas criaturas que você ajudou sempre oram por aquele homem que as auxiliou nos momentos difíceis de suas vidas, assim como sua mãe, que ora todos os dias pelo filho caçula.

O espírito Sandro comoveu-se e começou a chorar baixinho, lembrando de quando ainda não havia se envolvido com drogas. Sempre que podia, levava vários tipos de alimentos para distribuir num bairro pobre da periferia da cidade e, às vezes, dava dinheiro para algumas famílias comprarem medicamentos para os filhos. Lembrou-se de uma vez em que uma senhora lhe agradeceu chorando e beijando suas mãos, dizendo que jamais se esqueceria dele.

Dorival ficou em silêncio por alguns momentos, depois voltou a falar:

– Então, meu irmão, iremos para um local onde você será esclarecido a respeito de sua verdadeira situação e receberá tratamento adequado.

Sandro olhou para o cunhado e recebeu um sinal de consentimento. Neste momento, Dorival chegou mais perto dele e o abraçou, fazendo-o adormecer, depois o conduziu à Colônia Espiritual Luz Eterna, situada nas imediações de uma grande cidade.

Pela manhã, por ocasião do café, Flávio cumprimentou a todos, beijando a esposa e a sogra na testa, logo dizendo:

– Tive um sonho estranho e ao mesmo tempo muito bom com o Sandrinho.

Maria Antônia ficou pálida e ansiosa para ouvir o sonho do genro, pois tinha uma vaga ideia ou intuição de mãe da notícia que receberia naquela manhã. Olhou para todos e ninguém disse nada; então, com as mãos trêmulas, pediu:

– Meu filho, conte logo esse sonho.

Flávio narrou o sonho que tivera com o cunhado quase na íntegra, esquecendo-se apenas de alguns detalhes.

Feitosa ergueu-se com os olhos cheios de lágrimas, praticamente não aguentando tanta emoção e fazendo o possível para não chorar na frente dos empregados.

Maria Antônia ergueu-se também, mas desfaleceu, caindo nos braços dos empregados, que foram auxiliados pela filha, enquanto Flávio abraçava o sogro, que também passava mal.

Após algumas horas, todos estavam mais tranquilos. Já refeita da emoção, Maria Antônia falou para o genro:

– Quando você for para o centro espírita que frequenta, quero ir também.

– Eu também vou – disse Feitosa.

Flávio concordou com um gesto de cabeça.

Com ar sério, Cristina Maria ergueu-se visivelmente aborrecida e disse:

– Vou para a empresa, porque não tenho tempo a perder. Além disso, o Flávio apenas sonhou e não vejo motivo para esse escândalo todo.

– Minha filha, acredito no sonho de Flávio. Eu já esperava por isso – disse a mãe, encarando-a. – Quanto a você, tome cuidado, pois a vida é boa, mas às vezes, pode se tornar muito cruel.

A RECUPERAÇÃO

3º CAPÍTULO

Alguns anos se passaram.

Sandro Luís acordou e passou as mãos nos olhos, como se ainda não tivesse despertado totalmente. Observou o ambiente onde se encontrava e notou que estava isolado em um quarto, como se estivesse preso. Ele quis entrar em pânico, mas logo se acalmou, pensando: "Acho que estou num quarto de hospital, recuperando-me do acidente. Só pode ser isso".

Ergueu-se e foi até uma janela parecida com uma porta, por onde entrava uma luz estranha, mais clara e definida se comparada à claridade normal do dia. O quarto era amplo, com uma pequena mesa num canto e uns aparelhos parecidos com computadores, porém, bem mais sofisticados. Um detalhe que não lhe passou despercebido foi o fato de a mesa não estar sobre pernas e os misteriosos aparelhos parecerem estar o observando, como se fossem dotados de olhos humanos. A cama era totalmente desconhecida para ele, visto que a mesma se movia de acordo com a vontade do paciente. Ele continuava sua inspeção visual, quando de repente surgiu uma moça muito bonita e simpática sorrindo, vestida com um uniforme branco e azul.

– Bom-dia, Sandro.

– Bom-dia.

A moça estendeu a mão e apressou-se em apresentar-se:

– Meu nome é Aline. Sou enfermeira da Ala C deste pavilhão.

Sandro observava cuidadosamente a moça e notou estampada em seu rosto uma bondade incomum, talvez em decorrência da paciência, tranquilidade, humildade e, sobretudo, pela maneira toda especial com a qual tratava os doentes.

– Aline, este lugar é um hospital?

– Exato. A Ala C é parte de um hospital onde os enfermos permanecem sob uma rigorosa observação médica, por um período indeterminado, que visa uma recuperação mais rápida. Depois de uma melhora parcial, esses doentes passam para outra ala e iniciam o período de convalescença.

– Você pode me dizer o nome deste hospital?

– Com prazer! Chama-se "Casa de Misericórdia Deus e Amor".

– Não conheço este hospital.

– Depois conversaremos – disse a moça com um sorriso. – Por enquanto, fico feliz em saber que você está acordado e bem disposto.

O paciente silenciou e começou a refletir sobre o que observara até então.

– Tome esse medicamento e alimente-se, para você se recuperar mais rapidamente – pediu a moça.

– Aline, percebo que tudo neste lugar é diferente daquilo que estou acostumado a ver, como por exemplo os aparelhos deste quarto.

– Entendo que você esteja admirado com essa diferença

– disse a moça com um sorriso estampado no rosto, sem se estender em explicações.

– E você pode me explicar o que está acontecendo? – perguntou Sandro Luís, com ar de quem estava muito curioso com aquela situação atípica.

A enfermeira pensou por alguns segundos no que diria ao paciente e por fim respondeu-lhe:

– Não tenho permissão para fornecer uma informação que foge à minha especialidade. Minha tarefa não é essa. Entretanto, logo você receberá visitas autorizadas a esclarecer suas dúvidas.

A moça calou-se após essa resposta. Em seguida colou um adesivo branco no peito de Sandro e deu-lhe um líquido para beber, que foi prontamente ingerido. Ela aproximou-se, passou a mão com carinho em seus cabelos e disse-lhe:

– Tenha fé em Nosso Pai, que é bom e justo, e logo você restabelecerá sua saúde.

A enfermeira deu um beijo cheio de ternura e solidariedade na fronte do paciente e despediu-se:

– Até a próxima visita.

Após a saída da moça, Sandro dormiu profundamente.

Assim que ele adormeceu, duas pessoas adentraram o quarto – um homem e uma mulher, ambos jovens e vestidos de branco, com aspecto simpático e bondoso –, conversando sobre assuntos relativos ao hospital. Eram médicos lotados naquela casa de saúde em visita de inspeção ao paciente da Ala C.

A moça olhou para o rapaz que estava sobre o leito e comentou com o amigo:

– Dr. Paulo, tenho muita pena desse rapaz. O caso dele é muito complicado.

– Dra. Karina, vamos ligar os aparelhos e observar a sua condição psicológica.

A médica anuiu com a cabeça.

A Dra. verificava os aparelhos, enquanto Dr. Paulo ligava umas espécies de fios às têmporas do paciente. Depois de tudo pronto, ambos se sentaram e ligaram os aparelhos, semelhantes, porém mais aperfeiçoados do que as televisões LCD, presos às paredes do quarto como quadros. Eles observaram o doente durante um longo tempo e logo em seguida desligaram tudo.

Satisfeito, o Dr. Paulo sorriu para a companheira de profissão, segurando em seu braço, e comentou:

– O nosso irmão está bem melhor. Todavia, o caso dele ainda requer muito cuidado, pois a qualquer momento, principalmente quando ficar sabendo de tudo, poderá novamente se desequilibrar.

– Paulo, tenha fé em Deus. Sabemos que o equilíbrio dele depende muito das preces que estão sendo enviadas e captadas por este núcleo de saúde, onde as transformamos em energias fluídicas benéficas para a sua imediata recuperação. Também temos a certeza de que o nosso irmão está cooperando, comportando-se bem e facilitando nosso trabalho.

Os médicos deixaram o quarto de Sandro e anotaram em pranchetas transparentes – com um objeto semelhante a um lápis – o resultado daquela inspeção.

– Se seu estado de saúde continuar com essa rápida evolução, em breve ele poderá ir para outra ala, passar por um período de convalescença – comentou o médico.

– Concordo e estou muito satisfeita, pois conhecemos irmãos que chegaram a este hospital em melhores condições e, no entanto, ainda não tiveram quase nenhum progresso. O baixo teor de boas vibrações dificulta o nosso trabalho. A fé e os bons pensamentos elevados a Deus são importantíssimos para a recuperação deles.

Os dois deixaram o quarto de Sandro Luís e prosseguiram com a inspeção rotineira aos pacientes de outros apartamentos.

Após algum tempo, Sandro Luís voltou a despertar e novamente observou o quarto onde estava e com uma velocidade espantosa pensava em sua situação, principalmente naquele nosocômio onde se encontrava internado: "Meu Deus, eu ainda me encontro neste quarto. Tive a nítida impressão de que, quando acordei, e após a visita de Aline, fui medicado e voltei a dormir por um tempo que nem posso precisar".

Ergueu-se e começou a caminhar em círculo pelo quarto, sentindo-se mais forte e confiante. De repente, lembrou-se de que fora atropelado, recordando-se também dos danos que o acidente causara em seu corpo. Imediatamente levou a mão à cabeça e não encontrou nenhum ferimento. Movimentou as pernas e nada sentiu, então pensou: "Acho que estou curado. Já não sinto mais nada. Vou pedir alta e voltar para casa". Quando pensou em sua casa, ficou fraco e deitou-se meio desconfiado e assustado. Lembrou-se da conversa que tivera com o cunhado e Dorival, todavia não aceitava aquela lembrança, preferindo achar que tudo aquilo não passava de um sonho.

Sorridente, Aline apareceu subitamente no quarto, com ar de quem estava muito contente, e o saudou:

– Que a paz de Jesus esteja conosco.

– Bom-dia, Aline – respondeu o rapaz, sentando-se na cama.

– Fico satisfeita com a sua melhora, apesar de não estar totalmente recuperado, pois ainda necessita de muito repouso e paz interior, para que haja o restabelecimento completo de sua saúde.

Sandro Luís pensou um pouco e falou:

– Não estou entendendo...

– Eu sei a que você se refere. Como o seu corpo não apresenta mais os cortes, escoriações e dores causados pelo acidente, você pensa que já está curado.

– E não é isso? – perguntou o moço com ar de quem estava brincando.

– Não, você está enganado – respondeu a moça pensativa. – Sua maior doença encontra-se na mente e é por isso que você está aqui há tanto tempo.

– Há quanto tempo estou neste hospital? – perguntou o paciente assustado.

– Há quase cinco anos.

O rapaz deu um pulo da cama e retrucou imediatamente:

– Não posso acreditar nisso!

A enfermeira ficou apreensiva e pensou na possibilidade de ter falado demais. Tentou tranquilizá-lo, mudando de assunto.

– Hoje, recebi ordens para lhe dar o alimento e um calmante mais fraco, para você não dormir por muito tempo.

– Quando vou poder saber dessa história direito?

– Não se preocupe. Logo receberá uma visita que esclarecerá todas as suas dúvidas.

Dizendo isso, antes de sair do quarto, a moça colocou a mão sobre a cabeça dele e o aconselhou:

– Nunca deixe de lembrar-se de Deus, pois sem a Sua misericórdia, nada poderemos fazer.

Sandro pensou em tudo que Aline havia lhe falado, principalmente no tempo que encontrava-se sob os cuidados médicos. Não podia acreditar nisso. Já estava ficando inquieto, quando observou a porta abrir-se e duas pessoas vestidas de branco adentrarem o ambiente.

– Que a paz de Jesus esteja sempre conosco – saudou uma moça de beleza rara e muito simpática.

– Que Jesus nos abençoe sempre – também saudou um rapaz muito simpático e jovem.

– Sandro, antes que você fique surpreso com a nossa visita, queremos nos apresentar – disse Karina.

– Pode me chamar de Paulo. Sou médico lotado nesta ala e é um prazer muito grande saber que você está bem.

– Quanto a mim, meu nome é Karina. Também sou médica e trabalho nesta ala, por enquanto. Fico feliz em saber que não será mais preciso submetê-lo a um tratamento intensivo, visto que o seu quadro clínico melhorou bastante.

Sandro estava sentado na cama, encarando os médicos com uma imensa vontade de lhes fazer algumas perguntas.

– Estou muito curioso para saber a minha verdadeira situação, principalmente como vim parar neste hospital e por que estou internado há mais de cinco anos – indagou com a cabeça baixa, envergonhado por estar sendo indiscreto.

Os médicos entreolharam-se e, ambos, com muito cuidado, aproximaram-se da cama.

Dra. Karina abriu um lindo sorriso em seu belo rosto e respondeu com outra pergunta:

– Será que podemos confiar em seu equilíbrio emocional?

– Como assim, doutora? Não estou entendendo nada.

– Meu irmão, durante todo esse tempo você esteve sob os nossos cuidados. Tratamos exaustivamente o seu campo mental, local muito difícil de recuperar, porque exige paciência, dedicação e, principalmente, tempo suficiente para se tentar colocar em seus devidos lugares todas as peças do mecanismo responsável pelo bom funcionamento dessa área.

– Por favor, seja mais clara.

A simpática médica olhou para o colega, enviando-lhe uma mensagem: "Tomemos bastante cuidado. Talvez ainda não esteja em condições de saber a verdade".

"Já pensei nisso, mas não se preocupe. Vamos vencer mais este desafio", disse o médico através da comunicação muda entre eles.

A doutora tomou a mão de seu paciente com muito carinho, afagando-lhe os cabelos, e com muita precaução inquiriu-lhe:

– Meu irmão, você acredita na imortalidade do espírito?

– Acho que acredito. Recordo-me que, quando estava bastante perturbado, em virtude do acidente que sofri e com o corpo cheio de escoriações, meu cunhado Flávio e o amigo Dorival falaram-me muito sobre um "outro mundo".

Sandro calou-se de repente. Com o semblante espantado, encarou os médicos e interrogou-lhes:

– Um momento! Vocês estão querendo dizer que estou neste "outro mundo"? Que estou morto?

– Exatamente, meu irmão. Você desencarnou há vários anos e quando teve condições, foi conduzido por Dorival a esta casa de apoio, localizada na Colônia Espiritual Luz Eterna.

O espírito levantou-se e começou a caminhar pelo quarto, sob o olhar atento dos médicos, prontos para intervirem caso fosse necessário. Contudo, ele foi se acalmando e sentou-se novamente na cama, questionando:

– Então, estou morto?

– Já lhe dissemos que não morremos, pois somos imortais. Veja através da janela o sol, os pássaros, as árvores e os nossos pacientes passeando enquanto se recuperam – disse Dr. Paulo, com uma das mãos no ombro do rapaz e com a outra apontando para a janela.

Sandro foi até a janela e realmente viu um quadro vivo muito bonito, tudo parecia mais alegre, mais autêntico do que na Terra. Depois voltou a sentar-se na cama, ficando por alguns minutos de cabeça baixa, enquanto pensava: "Quer dizer que estou morto? Mas como é que pode, se estou andando, falando, vendo tudo, sentindo a cama, conversando com duas pessoas que dizem ser médicos?". Voltou-se para Dra. Karina e perguntou:

– Por que fiquei esse tempo todo me recuperando de um simples acidente? – indagou o espírito surpreso. – E por que ainda estou com o corpo físico, se já desencarnei, como vocês dizem?

A médica olhou para o amigo e eles se entenderam, então ela respondeu:

– Meu querido, você está confundindo esse corpo com aquele que o acompanhou durante a sua última existência na Terra.

– Então, que corpo é esse?

– O corpo espiritual. Todos nós temos um corpo que envolve o nosso espírito, chamado corpo espiritual. O seu corpo material é uma cópia desse e ficou no cemitério da cidade onde você sofreu o acidente.

– É difícil de acreditar, mas estou começando a entender. Agora lembro-me de que Dorival e meu cunhado informaram-me algo a respeito desse assunto. Meu cunhado falava de uma Doutrina que foi codificada por Allan Kardec e umas coisas esquisitas que coincidem com o que vocês estão me dizendo.

O médico tornou a olhar para a amiga e com um sorriso estampado no rosto, indagou ao paciente:

– Como você está se sentindo, irmão?

– Neste momento, muito bem, embora não acredite muito nessas informações semelhantes a um filme. O que mais está me deixando impressionado é o fato de ter passado cinco anos neste hospital, mesmo que seja em "outro mundo", tratando-me apenas de alguns problemas físicos, que sofri por ocasião do acidente.

"E agora, o que vamos fazer?" Pensou a médica olhando de soslaio para o amigo.

Dr. Paulo rapidamente entendeu a silenciosa pergunta da colega.

"Sinceramente, não sei se é o momento para falarmos sobre o seu grande problema – o envolvimento com drogas", pensou o rapaz.

Muito inteligente, Sandro Luís notou os olhares interrogativos entre os médicos e ficou desconfiado. Mesmo assim calou-se e não fez mais perguntas.

A moça aproximou-se dele novamente e fez um carinho em seu rosto.

– Meu irmão, descanse por enquanto – disse com meiguice. – Amanhã estaremos novamente aqui para colocá-lo a par de tudo o que aconteceu; isto é, apenas o que estamos sabendo.

O rapaz permaneceu calado. Depois olhou para os dois e agradeceu:

– Muito obrigado pela atenção de vocês.

– Não estamos fazendo nenhum favor, meu irmão, e sim nossa obrigação de irmãos em Jesus – respondeu Dr. Paulo.

Os médicos se despediram e foram embora, enquanto Sandro ficava andando de um lado para o outro naquele quarto, pensando em sua vida.

CONVALESCENÇA

4º CAPÍTULO

No dia seguinte, ainda cedo, Aline, muito alegre, ao entrar no quarto foi logo dizendo:

– Sandro, conforme o seu comportamento, talvez ainda hoje você seja transferido deste apartamento para a enfermaria de pacientes em fase de convalescença.

– E qual é a diferença, minha amiga?

A enfermeira gostou da maneira como foi tratada e respondeu sorrindo:

– Na enfermaria dos pacientes em convalescença você pode passear pelo jardim, conversar com outros pacientes, assistir ao culto do evangelho todo dia, de acordo com a sua religião, e até trabalhar em alguma coisa, se quiser e tiver condições para isso.

– Assim está melhor! – disse o rapaz com o rosto descontraído num sorriso. – Já não aguentava mais ficar preso neste quarto!

Aline pensou: "Se ele soubesse que passou cinco anos dormindo sob o efeito de medicamentos".

– No que você está pensando? – perguntou o rapaz desconfiado com o silêncio da moça.

– Nada, bobagens.

A moça terminou sua tarefa, despediu-se e foi embora, deixando-o mais otimista com a notícia.

Na primeira hora da tarde, os médicos Paulo e Karina pediram licença e adentraram o quarto.

– Boa-tarde, meu irmão – cumprimentou Paulo com seu sorriso bonachão.

– Como vai, Sandro? – perguntou Karina.

– Boa-tarde, meus amigos. Estou bem, embora cheio de dúvidas.

Os médicos ficaram satisfeitos com a disposição do paciente. Ambos se comunicaram através da telegrafia humana: "Estamos com sorte, Paulo. Hoje ele está bem melhor".

"É, também estou achando. Até passou o medo que eu tinha de ele não estar em condições de nos ouvir."

Sandro prestou atenção naqueles olhares e observou que havia uma comunicação muda entre eles.

– Dr. Paulo, desculpe-me, porém tenho observado que, quando vocês se olham, parece-me que estão conversando – disse ele. – Isso é impressão minha?

– Não é impressão, estamos conversando sim, numa linguagem que você também aprenderá. Chama-se telegrafia humana, um meio de comunicação do futuro, que já existe em mundos como o nosso ou em mundos mais adiantados que a Terra.

Todos silenciaram por alguns minutos, cada um entregue ao seu próprio pensamento.

Meio sem jeito, o espírito internado inquiriu:

– Então, vão me contar por que passei tanto tempo em tratamento neste quarto?

A doutora encarou Sandro e pediu a Deus que os envolvesse em Sua bondade infinita. Criando coragem, respondeu:

– Você passou cinco anos se recuperando de um mal que assola a Terra e assedia, inclusive, os espíritos fracos que estão afastados de Deus, mesmo temporariamente.

O rapaz sentiu um leve tremor, como se tivesse se ligado ao passado, mas aguentou firme e novamente interrogou:

– E que mal é esse, Dra. Karina?

– As drogas, meu irmão.

Sandro começou a tremer de repente. Dr. Paulo pousou a mão sobre a cabeça dele, enquanto a colega tomava-lhe as mãos, que estavam geladas.

Através de uma prece, a médica pediu por aquela criatura. Que fossem desligados todos os fios fluídicos que ainda o conectavam ao passado, principalmente ao seu envolvimento com essa maldição da humanidade chamada droga. Logo o clima foi tornando-se leve e os médicos observaram, num dos cantos do quarto, uma senhora de idade indefinida, com o olhar bondoso, observando o espírito em convalescença.

– Continuem, meus filhos – disse ela, com um sorriso de otimismo. – Já existe uma proteção muito forte ao redor deste quarto, a fim de que possam realizar o trabalho de vocês com sucesso.

O paciente foi se acalmando. Os médicos se entreolhavam, perguntando-se sobre o momento certo para continuar, mas foi o rapaz quem falou:

– Meus amigos, continuem transmitindo suas informações, por favor. Apesar de tudo, estou preparado para ir até o fim.

Karina pensou, fez uma prece muda e prosseguiu:

– Quando chegou a este hospital, você não parecia um ser humano. Seu campo mental estava completamente destruído pelo mal causado ao corpo que Deus lhe deu para abrigar o espírito. Além de ser considerado um suicida involuntário, você também quase ocasionou a destruição do corpo fluídico, sendo necessário esse tempo todo para que a misericórdia do Pai Criador do Universo pudesse refazê-lo.

A médica fez uma pausa e respirou fundo, quase chorando, lembrando-se do estado daquela criatura ao chegar àquela casa.

Paulo explicou, enquanto sua amiga se refazia:

– Meu irmão, é triste pensar no passado que nos fez sofrer, mas é importante que você saiba de toda a verdade.

Sandro permanecia em silêncio, com as feições sérias.

– Precisamos formar grupos, exércitos inteiros bem aparelhados para combater atualmente o pior inimigo do homem no planeta Terra, as substâncias químicas, comumente chamadas de entorpecentes ou drogas, criadas por inteligências maléficas com o objetivo único e exclusivo de levar o espírito humano ao esquecimento total dos ensinamentos do Mestre Jesus – explicou Dr. Paulo pacientemente.

Aos poucos, Sandro Luís começou a lembrar-se de sua vida passada, durante e após o vício das drogas. Imediatamente algo se apossou dele, abatendo-o como uma terrível depressão, todavia, através do olhar, a senhora presente emitiu fluidos restauradores em direção ao seu centro vital coronário e frontal, fazendo com que ele se acalmasse.

Com muito cuidado, a doutora deu continuidade à explicação:

– Meu irmão, à proporção que nos entregamos às nossas imperfeições, principalmente quando prejudicamos o próximo e o próprio vaso físico que o Criador nos emprestou para abrigarmos o espírito durante uma existência, nosso perispírito vai se modificando conforme a gravidade das infrações às leis divinas que cometemos. O corpo espiritual perde a aparência, ou seja, perde a forma total de um ser humano.

Dra. Karina fez uma pausa, observando se o seu paciente sabia comportar-se bem emocionalmente, e prosseguiu:

– Quando você chegou aqui, ficamos chocados ao ver o mal que havia causado ao seu corpo, injetando, cheirando, fumando, enfim, bombardeando o vaso físico com entorpecentes. Imediatamente, pedimos ao nosso Mestre Jesus para ajudá-lo a recuperar-se. A partir daquele momento, lutamos dia e noite para transformar as energias fluídicas que formavam seu perispírito e ajudá-lo a tornar-se um verdadeiro filho de Deus.

O médico encontrava-se calado até o momento, porém pediu permissão e tomou a palavra:

– Meu irmão, nas obras básicas da Doutrina Espírita, codificada pelo querido irmão Allan Kardec, há informações valiosíssimas sobre os fluidos. O nosso perispírito é constituído de energias fluídicas que se condensam em torno do espírito, tomando o formato que desejamos. Portanto, quando recebemos o Fluido Universal, somos responsáveis pela sua transformação, pois a nossa mente é o gerador que o transforma de acordo com os pensamentos e atos que temos, sejam bons ou ruins. Esse fluido poderá beneficiar ou maltratar o nosso corpo fluídico, dificultando com isso as próximas reencarnações, tendo em vista o perispírito funcionar como uma fôrma que serve para modelar o nosso corpo físico material.

Dr. Paulo calou-se por alguns minutos, procurando palavras adequadas para repassar aquelas informações tão preciosas para Sandro, que começava a compreender um pouco o mecanismo do seu problema.

– O que o salvou das garras dos espíritos "vampiros", que atormentam aqueles que vivem nesta vida desregrada, foram as preces sentidas e dirigidas a Deus por aqueles que você ajudou com o seu coração sensível e bom.

Aos poucos, Sandro recordou sua fraqueza, principalmente quando se entregou às drogas, tentando esquecer as dores que a vida lhe suscitara. À medida que ouvia os médicos, chorava arrependido do mal que causou a si, ao corpo e àqueles que o amavam.

Karina fez um carinho em sua mão, abraçando-o com doçura, como se fosse uma mãe protegendo o filho, buscando consolá-lo com palavras de conforto e otimismo.

– Nunca olhe para trás, a não ser para ver o errado e o certo e aprender a caminhar na trilha certa, evitando sempre a equivocada, visto que o mal é fruto da nossa ignorância.

– Além do mais, meu irmão, o presente formará seu futuro. Se quiser ver o futuro, preste atenção ao seu presente e, sem dúvida alguma, vislumbrará o porvir – completou Paulo.

Os médicos e Sandro ficaram em silêncio, enquanto se refaziam daquelas lembranças infelizes, mas necessárias ao aprendizado do espírito humano.

Após alguns minutos, a médica continuou a narração:

– Quando chegou à casa de misericórdia, tivemos um grande trabalho para afastar os espíritos que vinham ligados a você, sugando-o como se fosse uma laranja. Graças a Deus, conseguimos afastá-los, pois recebemos muita ajuda da espiritualidade superior. As preces enviadas pelos corações simples e puros daqueles que você ajudou quando encarnado foram transformadas em energia restauradora pelos nossos técnicos.

Paulo segurou a mão de seu paciente e disse-lhe, encarando-o nos olhos:

– Meu irmão, o grande mal da Terra atualmente são as drogas. João Evangelista fala em seu sonho apocalíptico da besta que viria no final dos tempos, pois bem, essa besta já está entre nós.

– A Terra está passando por uma grande transformação com o objetivo de ser um mundo de regeneração – completou Dra. Karina.

De repente, os médicos Karina e Paulo viram Sandro descer da cama, erguer o rosto cheio de lágrimas para o céu e fazer uma prece em voz alta.

– Senhor, nosso Pai amantíssimo, perdoe-me por haver infringido Sua santa lei. Prometo jamais atentar contra a Sua criação. Solicito humildemente o Seu perdão, pois sou Seu filho e desejo fazer alguma coisa agradável aos Seus olhos, sem remorsos e dúvidas. Ajude-me, Senhor do Mundo, a conseguir força e coragem para enfrentar as dificuldades que virão no futuro, como forma de ressarcir-me desse terrível erro. Não tenho medo, pois sei que estarei fazendo o necessário para voltar a ser um verdadeiro filho Deus. Assim seja.

No momento em que Sandro fazia a prece, os médicos, que também o acompanhavam, notaram o quarto se iluminar. Ouviram cânticos vindos não se sabe de onde, que envolveram toda aquela casa de saúde.

Depois da prece, o ambiente foi voltando ao normal, mas todos ainda estavam bastante emocionados.

Dr. Paulo quebrou o silêncio, dizendo:

– Meu irmão, Deus lhe recebeu em Seus braços. Neste momento tivemos a prova e agora só nos resta fazer a nossa parte.

Surpreso, o rapaz perguntou:

– E qual é a parte de vocês?

– Você será transferido para outra enfermaria enquanto se ambienta, e depois escolherá o que vai fazer de sua vida.

Dra. Karina aproveitou a oportunidade para informar:

– Com isso, estamos dando a sua tão esperada alta, mas por enquanto você vai ficar um período em convalescença, como o Paulo explicou.

Muito emocionado, Sandro aproximou-se dos dois e os beijou nas faces, demonstrando um profundo agradecimento.

– Muito obrigado, meus irmãos. Serei eternamente grato. Peço que jamais me abandonem, porque preciso muito do apoio de vocês para vencer a próxima etapa que me espera.

– Não se preocupe. Você se tornou uma pessoa muito querida para nós – disse Paulo fazendo um gesto com as mãos fechadas em forma de punho.

– Quanto a mim, meu querido, peço-lhe de coração que não se afaste do Pai, pois sem a permissão Dele, nada poderemos fazer – disse Dra. Karina.

– Logo que me acostumar à nova vida, vou contar minha história a vocês – disse Sandro Luís bastante emocionado.

– Esperamos que a sua história sirva de ensinamento e principalmente de alerta aos irmãos que estão envolvidos com essa terrível maldição chamada droga – disse Dr. Paulo.

– Sandro Luís, há muita gente na Terra precisando de espíritos como você. Se não fosse a sua fraqueza em desrespeitar as leis divinas, sem dúvida alguma, nessa sua última existência, você teria dado um salto muito grande, todavia nunca é tarde para repararmos um erro ou aprender.

O espírito estava de cabeça baixa, mas seu semblante refletia otimismo e a cada momento via-se alguma coisa mudando naquele filho de Deus. Ele olhou para os amigos e perguntou:

– Será que vocês terão paciência de ouvir a minha história escabrosa?

Paulo segurou no ombro do amigo e respondeu:

– Não se preocupe. Aproveitarei minhas poucas folgas para ouvir a sua história.

– Pode contar com minha paciência, até porque será um prazer ouvi-lo para enriquecer os meus conhecimentos a respeito desse assunto.

Sandro Luís se aproximou dos amigos e disse, abraçando-os:

– Combinado.

Todos fizeram um gesto com as mãos e disseram numa única voz:

– Combinado. Que seja feita a vontade de Deus!

A HISTÓRIA

5º CAPÍTULO

A enfermaria onde Sandro se encontrava em convalescença era grande o suficiente para abrigar os milhares de espíritos que se recuperavam de alguma doença ou simplesmente passavam por uma depuração fluídica, com o fim de novamente reencarnar na Terra.

A enfermaria destinada aos pacientes em convalescença localizava-se num imenso pavilhão. Estava repleta de leitos praticamente todos ocupados por doentes e denominava-se "Enfermaria Maria Santíssima". O quadro de seus obreiros era composto por médicos, enfermeiros, zeladores e um considerável número de voluntários, que ajudavam na recuperação dos pacientes, sob a orientação do Dr. Antônio do Carmo, diretor geral do hospital "Casa de Misericórdia Deus e Amor".

O hospital foi edificado em formato de uma gigantesca cruz, composto por vários pavilhões. No meio da estrutura construíram-se várias enfermarias, enquanto nas partes que formam os braços da cruz foram criados diversos tipos de apartamentos, pequenas enfermarias, departamentos, anexos, cubos, salas, salão de reuniões, locais para tratamentos especiais, principalmente aqueles de difícil recuperação. Cada enfermaria tinha uma função distinta. Os anexos abrigavam vários espíritos que encontravam o tratamento para problemas específicos. As enfermarias gigantescas, localizadas no pavilhão central, eram destinadas aos casos que não requeriam cuidado especial, geralmente os pacientes em convalescença e os que não estavam em estado grave. O hospital ainda contava com consultórios, áreas de lazer, salas para diversos tipos de atendimentos, farmácias, gabinetes para médicos e enfermeiros; enfim, uma grande estrutura física e administrativa para atender aos milhares de pacientes que ali chegavam, sob as bençóes de Deus, Jesus e Maria de Nazaré.

Maria de Nazaré era a mentora da enfermaria, onde Sandro Luís se encontrava em convalescença. Ela nunca deixou de atender aos pedidos dos que trabalhavam noite e dia com o objetivo de recuperar aqueles espíritos imperfeitos e sofredores.

Dr. Antônio do Carmo era um homem de meia idade que aparentava, surpreendentemente, não ter mais de trinta anos. Refletia em seu semblante calma e bondade e transmitia muita confiança, sempre com um sorriso simpático ao atender a todos com paciência e dedicação. O venerável médico era muito querido por todos os pacientes, trabalhadores e superiores daquela colônia, assim como nas esferas mais elevadas. Não necessitava mais reencarnar na Terra, mas mesmo assim pedira à Mãe de Jesus para trabalhar por mais algum tempo nas colônias espirituais ligadas ao planeta. Antônio do Carmo dirigia aquele hospital responsável pela recuperação de espíritos sofredores há mais de noventa anos.

Nos momentos de aflição, vários espíritos habitantes do planeta Terra pediam socorro a esse eminente mensageiro de Jesus, que se dedicava vinte e quatro horas por dia às criaturas de Deus, contando sempre com a ajuda de sua mentora Maria Santíssima.

Certo dia, Sandro Luís, que se recuperava rapidamente,

encontrava-se no jardim passeando e conversando com os amigos que fizera durante o tempo em que estava naquele hospital e foi surpreendido por um enfermeiro que se aproximou saudando-o para lhe transmitir um recado.

– Irmão, o diretor deseja falar com você.

– Você está falando do Dr. Antônio do Carmo?

– Exatamente. Não o deixe esperando. Ele é extremamente ocupado.

Sandro estremeceu, pois era uma verdadeira benção poder falar com o diretor daquele nosocômio espiritual, em virtude de seu tempo ser totalmente dedicado às criaturas necessitadas e aos encarnados que solicitavam auxílio através de pensamentos. Mesmo temeroso, dirigiu-se ao gabinete do médico. Quando lá chegou, pediu licença e adentrou em um quarto simples, pensando: "Não é possível que o Dr. Antônio, diretor geral deste hospital, tenha como gabinete este simples quarto e como mobília apenas uma mesa, duas cadeiras e uma humilde cama". Estava entregue aos seus pensamentos, quando ouviu alguém saudá-lo:

– Que a paz do Nosso Senhor Jesus Cristo esteja conosco.

Sandro empalideceu ao ser surpreendido, mas rapidamente se recuperou, abriu a boca, porém não conseguiu falar, pois o médico comentou:

– Meu filho, eu sei o que você estava pensando, entretanto é preciso ser humilde de coração para vencer os fortes laços da matéria. O Nosso Mestre sempre falava aos simples e puros de coração. Portanto, meu irmão, eu só preciso de uma cadeira para me sentar e uma cama para descansar. Para que mais? Respondi suas perguntas?

O convidado se surpreendeu ao perceber que aquela distinta

criatura lera os seus pensamentos e ficou receoso de que ele pudesse captar algo mais, então, fez o possível para não pensar em mais nada.

– Por favor, sente-se – convidou o diretor.

O convidado puxou uma cadeira simples e sentou-se.

Dr. Antônio do Carmo continuou em pé, andando de um lado para o outro, com a mão no queixo, como se estivesse refletindo sobre o que falaria ao paciente. Em seguida disse-lhe:

– Fui informado de sua situação, antes mesmo de você ser internado na "Casa de Misericórdia Deus e Amor". Os médicos Paulo e Karina me participaram da sua decisão de narrar-lhes toda a sua história, para que pudessem estudar mais profundamente esse vício tão triste, que afasta os meus queridos irmãos encarnados na abençoada Terra da proteção do nosso amantíssimo Pai, o Criador do Universo.

Sandro mantinha-se calado, observando aquela criatura irreal, mesmo em se tratando de um espírito, tendo em vista que às vezes, ele tornava-se diáfano, emanando raios benéficos para todos que se encontravam perto dele. "Acho que esse homem deve ser um santo na Terra, invocado pelas criaturas sofredoras", pensou.

O Dr. Antônio do Carmo prosseguiu:

– Meu querido irmão, quando começar a relatar a sua história, faça de tal maneira que os nossos irmãos da Terra possam captá-la e repassá-la aos envolvidos com esse terrível problema, pois tais esclarecimentos são importantíssimos, principalmente para aqueles que estejam pensando em enveredar por esse caminho perigoso, assim como para os que já se encontram presos nas malhas dessa arma confeccionada pelos agentes das trevas. Todos os filhos de Deus encarnados na Terra precisam sentir que o Mestre Jesus e a nossa Maria Santíssima jamais abandonarão suas ovelhas.

O espírito em recuperação sentia-se feliz ao ouvir as elucidações daquele admirável discípulo de Jesus, pois captou que sutilmente recebia uma missão, através de palavras diplomáticas e cristãs: narrar detalhadamente suas infelizes experiências passadas, ao ser subjugado por espíritos indiferentes aos ensinamentos do Divino Mestre.

Inesperadamente, Sandro se viu envolvido por um abraço do Dr. Antônio do Carmo, que lhe disse ao encerrar aquela audiência:

– Vá com Deus, meu filho. Mantenha seu pensamento elevado para não esquecer, nem por um segundo, da existência de Deus, o primeiro princípio básico da Doutrina Espírita.

Sandro ergueu-se e olhou para Dr. Antônio, ficando completamente pasmo ao vê-lo lentamente desaparecer com um sorriso nos lábios. Ao sair do gabinete do diretor, percebeu, surpreso, que Dra. Karina e Dr. Paulo esperavam-no. Ambos o saudaram e o abraçaram.

– Você está famoso, meu amigo – disse Dr. Paulo, tentando brincar para descontrair o rapaz.

– Meu querido, agora chegou a hora de dar início ao seu trabalho, que será árduo e de grande utilidade para o povo que habita os mundos inferiores como nossa amada Terra – disse Dra. Karina, com ar de quem estava muito contente.

Meio encabulado e com receio da grande responsabilidade que deveria assumir, Sandro cumprimentou os amigos.

– Estou pronto. Quando começaremos?

Sorridente e feliz, Dra. Karina respondeu:

– Vamos iniciar esse diálogo no jardim. A partir de hoje,

dedicaremos um momento do dia para ouvi-lo.

No dia seguinte, conforme o combinado, os três encontravam-se confortavelmente acomodados num banco do grande e belo jardim que rodeava o imenso hospital espiritual.

Karina segurava um aparelho semelhante a um gravador; uma comparação injusta, devido à sofisticada tecnologia usada e desconhecida do equipamento. Aquele minúsculo aparelho estava diretamente ligado a eles através de pontos brancos, interligando-se com outros aparelhos semelhantes conduzidos individualmente por cada um.

– Estamos prontos para cumprir a nossa tarefa. Esteja à vontade para começar a contar sua história – disse Karina, com o seu permanente sorriso estampado no rosto.

Sandro ajeitou-se no banco, baixando a cabeça por alguns instantes, como se estivesse fazendo uma prece, depois fitou os amigos e começou a narração:

– Na última existência, fui filho de uma família muito rica, possuidora de uma empresa que controlava várias atividades financeiras ligadas ao grande patrimônio da família. Eu era o caçula. Fui educado para posteriormente assumir o comando de tudo. Estudei Economia e Administração. Fiz vários cursos e estágios no exterior, principalmente nos Estados Unidos e na Inglaterra, com a finalidade de me preparar para transformar a empresa em uma multinacional e colocar nossos produtos no mercado externo com a força de um monopólio.

O rapaz fez uma pequena pausa e respirou profundamente.

– Fiz tudo que a família preparou para mim, principalmente o meu pai, que sempre me acompanhava de perto. Com vinte e cinco anos, já havia concluído a preparação acadêmica, capacitando-me intelectualmente para assumir imediatamente parte dos negócios da família. Entretanto, aconteceu algo pelo qual ninguém esperava: tornei-me uma pessoa triste e depressiva, já que no fundo a minha verdadeira vocação era ser músico, mas fui covarde e não pude dizer "não" aos meus pais, talvez para não desapontá-los. Visitei vários médicos, tentando equilibrar minha situação psicológica, porém não conseguia reverter aquele quadro patológico. Nesse ínterim, comecei a namorar uma garota muito bonita, filha de uma família bastante rica. Passamos uns cinco meses namorando e resolvemos nos casar. Eu pensava que o meu problema era solidão e com uma companheira talvez tudo se resolvesse. Tivemos dois filhos: Sônia e Júnior. Passamos três anos lutando para vencer o que me afligia, mas meu estado de saúde não se alterava, ao contrário, tornava-me cada vez mais doente.

Ele fez outra pausa. Estendeu as pernas, cruzou os braços e continuou:

– Achava o máximo quando alguém se apresentava tocando na televisão. Frequentava bares com música ao vivo e sempre ficava próximo aos cantores e músicos, simplesmente pelo prazer de estar perto da música. Quando chegava à empresa, embora soubesse e dominasse todo o conhecimento relativo aos negócios, nunca encontrava felicidade, paz, satisfação ou algo que me fizesse sorrir. Continuava triste e solitário, com a impressão de que me faltava algo. Nunca tentei mudar isso para não desagradar meu pai e assim fui levando uma vida medíocre.

– Desculpe-me interrompê-lo, mas estou curiosa para lhe fazer uma pergunta.

– Fique à vontade, minha amiga.

– Por que você não estudou música nas horas vagas e procurou conciliar com o seu trabalho empresarial?

– Comprei os instrumentos que tinha vontade de tocar, guitarra e violão, mas minha família, principalmente o meu irmão mais velho, Marcos, colocou tantos empecilhos que abandonei o estudo da música, pois nunca tive caráter e personalidade firmes. Abdicava da minha vontade para agradar os outros. Essa grande sensibilidade que eu possuía fazia com que o meu coração falasse mais alto do que a própria razão.

– Meu querido irmão, por hoje chega. Faremos uma pausa e amanhã retornaremos à narração de sua história, no mesmo horário e lugar. Você concorda?

– Claro.

Todos se ergueram e retornaram às atividades normais, porém Sandro ficou ainda sentado, pensando: "Ninguém se interessa em saber por que uma pessoa entrou para o mundo das drogas. Sempre se questiona por que um indivíduo é viciado e essas são perguntas diferentes. Quando indagamos o que levou alguém a se viciar, o fazemos por mera curiosidade. Quem entra para esse mundo, geralmente, começou a perder a identidade ao ver que o mundo sonhado não é aquele em que se vive. Uma pena...".

No dia seguinte, Sandro e os médicos se dirigiram para o mesmo lugar, na mesma hora. Após as saudações de praxe, Dr. Paulo disse:

– Dr. Antônio nos autorizou levá-lo para uma cabine de sono, onde daremos continuidade ao trabalho com mais autenticidade e rapidez.

– Explique-se melhor, doutor. Desculpe-me a ignorância.

– Sua história será captada diretamente do seu campo mental – memória perispiritual.

O rapaz ficou pensativo, como se estivesse avaliando o que lhe poderia acontecer com aquele novo método de narrar a própria história.

– Vamos para a cabine do sono – convidou o médico. – Já estamos atrasados.

Todos concordaram e seguiram para o local ainda desconhecido para o rapaz.

Sandro observava tudo com admiração, enquanto se dirigiam para a cabine do sono, especialmente quando passaram por um corredor repleto de pequenas salas com portas transparentes, fabricadas com um material desconhecido na Terra. Conforme o pensamento de quem passava em frente à porta, ela poderia ou não ver o que estava se passando dentro daquele ambiente. Algumas pessoas ainda não estavam em condições de saber o que acontecia naquelas salas.

– Que salas são essas, com portas transparentes? – perguntou meio desconfiado.

– Meu amigo, elas têm várias utilidades – respondeu o médico. – Você mesmo passou alguns anos dormindo numa dessas salas, denominadas de "cubo", e depois que melhorou, mudou-se para o apartamento onde despertou. Não se preocupe, depois explicaremos as várias utilidades delas com mais calma.

– Pronto, chegamos. A nossa cabine do sono é esta – apontou Karina para uma das cabines.

Todos entraram na sala indicada pela médica.

CABINE DO SONO

6° CAPÍTULO

Ao entrar na cabine, Sandro Luís observou curioso alguns aparelhos sofisticados que jamais havia notado nos melhores hospitais da Terra. Rapidamente começou a fazer uma inspeção com o seu olhar inteligente, observando que na sala havia uma cama, dois aparelhos estranhos assemelhando-se rusticamente a televisões, um armário embutido na parede, onde se vislumbravam, através da porta transparente idêntica a vidro, objetos bem acondicionados. Observavam-se na parede do ambiente duas telas, semelhantes às de cinema. A variação de temperatura ambiente era conforme a necessidade fluídica de cada um. Observou também um pequeno aparelho igual a uma câmera que girava sempre, como se fosse um olho, vigiando tudo.

A médica notou que o seu pupilo estava admirado com tudo que presenciava na cabine, portanto aproximou-se e, com carinho, indagou-lhe:

– Então Sandro, está pronto para ser submetido ao tratamento?

– Em outras palavras, você quer perguntar se estou pronto para dormir?

– Claro, meu querido. Enquanto você dorme, os aparelhos aqui instalados vão buscar na sua memória perispiritual tudo que aconteceu na última encarnação, passando pelas informações que já sabemos e reiniciando na parte que ainda não foi registrada.

– Estou pronto e que Deus nos proteja – disse o rapaz com voz firme.

Sandro foi preparado para o sono. Deitou-se na cama e em seguida viu Karina e Paulo colocando minúsculos aparelhos em suas têmporas, nos centros vitais coronário, frontal e cardíaco, e depois ajustando as telas e os aparelhos semelhantes a televisões.

– Está pronto? – perguntou Dr. Paulo com um sorriso.

– Sim.

Após alguns minutos Sandro adormeceu, até cair em sono profundo.

Paulo olhou para Karina e perguntou:

– Você acha que precisamos de mais de uma sessão para gravar toda a história dele?

– Não, pois tudo está gravado em sua memória perispiritual. Será registrada toda uma existência em questão de minutos, depois ele mesmo vai assistir ao seu próprio filme.

Paulo olhou para as telas na parede e disse:

– Karina, prepare os aparelhos de transmissão, pois está na hora de iniciarmos o trabalho.

– Certo, Dr. Paulo. Veja, começou a infância, a parte que ele mesmo narrou e agora vamos assistir e gravar o que ainda não sabemos.

Ambos se sentaram para observar as telas, com a diferença que eles mesmos foram transportados para a própria tela, como se fossem parte da história de Sandro Luís. Calaram-se e a partir daquele momento começou a transmissão autêntica da história daquela alma.

Numa bela mansão, viram uma senhora de olhar e gestos bondosos falando com um senhor que gritava irritado.

– Maria Antônia, não aguento mais a rebeldia de Sandro Luís. Fiz tudo que foi possível para lhe dar uma educação esmerada, com o objetivo de torná-lo o futuro presidente da nossa empresa, porém nada adiantou, pois os irmãos sempre estão reclamando que seu filho não quer nada com a vida.

– Meu Deus, Feitosa! Tenha paciência com nosso filho, porque o Sandrinho tem um coração muito sensível e apesar de ser um excelente administrador de empresa, sei muito bem que não nasceu para isso – pediu e explicou a mulher, bastante nervosa com aquela situação. – Ele é um artista, tem a alma voltada para as artes, não é possível que nunca tenha observado isso.

– Que artista nada! Isso é malandragem pura e não posso aceitar que o meu filho se perca junto com esses desocupados que se dizem artistas, quando não passam de um bando de viciados levando uma vida desregrada.

– Querido, tenha paciência, senão poderemos ter problemas no futuro.

– Não interessa a sua opinião, pois estou preocupado nesse momento é com a empresa. Trabalhei dia e noite para multiplicar o que nossa família nos deixou para passar aos nossos filhos e veja o que está acontecendo.

– Não estou vendo nada de mais. O Sandro é um dos seus melhores administradores e nunca faltou ao trabalho, sempre foi responsável, fazendo o possível para cumprir suas obrigações.

– Deixe de passar a mão na cabeça desse moleque! Todo dia ele chega de madrugada, perdendo tempo em lugares boêmios, conversando com pessoas de vida duvidosa, que se dizem músicos, porque quer ser um deles, com a desculpa de que é sua vocação. Onde já se viu isso, Maria Antônia? Você já viu o quarto dele? Tem vários instrumentos e quando está de folga, dedica-se a eles. Se não tomarmos uma providência urgente, perderemos o filho que sonhamos ver um dia expandir os negócios de nossa família.

Sandro Luís ouvia toda a conversa em seu quarto, pois aquela discussão acontecia no quarto dos pais, que ficava conjugado ao dele.

– Meu Deus, será que não posso viver da maneira que sempre sonhei? – perguntava-se em voz baixa, caminhando inquieto pelo quarto.

Neste momento ouviu o pai gritar alto:

– Vou conversar com ele! Caso não queira me atender, exonero-o de suas funções na empresa e somente assim ele vai pensar direito.

– Por favor, Feitosa, não faça isso, pois está cometendo um erro irreparável. Ele está fazendo um tratamento com psicólogos e psiquiatras, porque anda muito depressivo. Também está namorando uma moça muito conhecida em nossa sociedade, filha do banqueiro Artur e será do meu gosto se eles casarem.

– Como se chama essa moça?

– Alessandra, uma moça muito bonita. Ela é formada em assuntos internacionais e trabalha no banco do pai.

– Eu a conheço, assim como também o seu pai, Artur. Então vamos apressar as coisas.

Sandro estava descendo as escadas, quando ouviu com nitidez as últimas palavras do pai. E naquele momento tomou uma decisão: “Vou agora mesmo à casa de Alessandra, acho que ela já chegou do banco".

Diante de uma moderna mansão, Sandro parou o carro, entrou e foi recebido pelo mordomo, que lhe disse:

– A senhorita Alessandra está no escritório. Vou anunciá-lo.

– Pode deixar, não se preocupe, vou falar direto com ela.

Ele subiu as escadas apressado. No começo do corredor do segundo piso havia uma grande sala. Bateu à porta e entrou.

No escritório havia uma moça de beleza rara, sentada em uma escrivaninha, analisando uns documentos. De repente ela notou o namorado, ergueu-se, abraçou-o e beijou-o, com um sorriso de satisfação.

– Que surpresa é essa, Sandro? Por favor, sente-se. Quer tomar algo? Cheguei nesse instante do banco.

– Você não pergunta o motivo de minha visita a essa hora?

– Não. Meu namorado pode me visitar a qualquer hora do dia ou da noite e sempre será um prazer recebê-lo em minha casa – respondeu a moça, abraçando o rapaz.

– Posso lhe fazer um pedido?

– Você está me deixando curiosa, querido.

Sandro sempre foi tímido e tinha dificuldade para se expressar livremente, diferente da namorada, que era tagarela, pois sentia uma facilidade enorme para falar. Ele olhou para Alessandra e disse, com voz pausada:

– Alessandra, você aceita ser minha esposa?

Surpresa, a moça ergueu-se de um salto e abraçou-o, respondendo sua pergunta imediatamente:

– Sim. Apesar do nosso namoro ainda não ter completado três meses, mesmo assim, fico feliz em aceitar seu pedido.

Ela pediu licença ao rapaz, correu em direção a um quarto que ficava perto do escritório e voltou segurando a mão de uma bela senhora de meia idade, dizendo:

– Mamãe, o Sandro acaba de me pedir em casamento.

Sandro cumprimentou a senhora, curvando-se para beijar sua mão e disse:

– Quero me casar com sua filha.

– Que Deus os abençoe, meus filhos. Vou telefonar agora mesmo para o Artur e dar a notícia. Sandro, para quando é o casamento? Você já pensou nisso?

– Sim. O mais rápido possível, porque já estou cansado de ser solteiro.

E assim, Sandro casou-se com Alessandra. Mas continuou a viver com seus conflitos, embora evitasse causar problemas para os pais.

Alessandra dera-lhe uma filha, chamada Sônia, e encontrava-se grávida novamente.

Os pais do casal estavam satisfeitos, pois Sandro aparentemente havia mudado, principalmente no trabalho, enquanto Alessandra vivia sorrindo o tempo todo, porque, além da filha linda que tinha, segundo os exames, estava esperando um filho homem, que seria chamado de Sandro Luís Júnior.

Sandro Luís nunca deixara de frequentar os bares ou locais onde fizera amigos, embora escondesse da família, procurando chegar mais cedo. As amizades eram as mesmas e aos poucos participava com a turma de pequenos programas, onde rolavam bebidas, cigarros, drogas leves e pesadas, mas ele sempre recusava.

Certo dia, ao chegar a casa, o executivo encontrou o pai esperando-o na sala de seu apartamento, localizado num bairro nobre da grande cidade, conversando com a esposa. Ele cumprimentou o pai e perguntou:

– Papai, o que houve? Só pode ser muito importante ou grave o assunto que o trouxe até aqui, para falar comigo a esta hora. Espero que não tenha acontecido nada de grave com minha mãe.

– Não se preocupe com a sua mãe, meu filho, o problema é outro.

– E qual é?

– Hoje decidi que vamos expandir nossos negócios. Iremos abrir uma filial nos Estados Unidos e você será o diretor. Já conversei com Alessandra e ela não vê inconveniente, pois conhece muito bem sobre assuntos ligados a negócios internacionais, podendo ser uma excelente auxiliar ou mesmo sócia.

Sandro se sentou, colocou as mãos na cabeça e sentiu um frio esquisito, o peito sem ar, as pernas tremerem. Foi até a janela, respirou profundamente e começou a sentir um medo estranho, quase entrando em pânico. Só de pensar que iria novamente viver naquela terra sem graça, longe dos companheiros que fizera durante algum tempo, sentia uma amargura tão grande, difícil até de descrever. Ele fitou o pai, sob o olhar atento da esposa, e disse:

– Papai, não conte comigo. Jamais irei viver nos Estados Unidos.

Feitosa empalideceu, ergueu-se de um salto da poltrona, como se algo o tivesse picado, e bradou:

– Repita o que disse!

– Não irei para os Estados Unidos. Acho que fui claro.

– Sandro, ou você toma conta da filial de nossa empresa no exterior ou exonero-o do cargo, deixo-o sem nada – disse o pai com voz firme, como se fosse uma ordem. – Então, o que me diz?

– Faça o que o senhor quiser.

Sandro se surpreendeu por estar enfrentando o pai daquela maneira, notando que a força era maior do que ele.

– Então, a partir de agora não precisa ir mais à empresa.

– Está certo. Mais alguma coisa?

Feitosa ergueu-se e saiu sem se despedir, batendo a porta.

Após a saída do pai de Sandro, Alessandra se aproximou do marido e disse:

– Você está perdendo uma oportunidade maravilhosa de assumir o controle de tudo. A filial poderá crescer tanto que a matriz parecerá apenas um armarinho na frente dela, digo isso porque conheço esse assunto muito bem.

Sandro conhecia a mulher e sabia também que seu maior defeito era a ambição desmedida, sendo capaz de fazer qualquer coisa para ganhar dinheiro. Apesar disso, ele a entendia muito bem, pois tinha consciência de que fora educada para isso. Então ergueu-se e começou a andar pela sala.

– Alessandra, minha última palavra foi dada – disse ele, parando diante da mulher.

– Você é um imbecil e um perdedor! – rebateu a mulher, fuzilando-o com o olhar. – Seus irmãos estão lhe passando para trás e você nada faz para conter essa situação!

Sandro encaminhou-se para o quarto, deitou-se e passou a pensar na vida com uma amargura tão grande que começou a chorar. Permaneceu deitado, vestido do jeito que estava e depois saiu, sem falar com ninguém.

No dia seguinte, antes do café, o telefone tocou e ele mesmo atendeu:

– Alô, Sandrinho! O pai disse que não viesse mais à empresa, você foi exonerado do cargo.

– Tudo bem, Cristina Maria. Sejam felizes.

– O que vai fazer agora, mano?

– Ainda não sei, mas não se preocupe.

– Até mais, mano.

Ao desligar o telefone, Sandro ficou pensativo, sob o olhar interrogativo da esposa, depois se voltou para ela e disse:

– Meu pai cumpriu a ameaça que me fez ontem.

– O que você queria, enfrentando daquele jeito o patriarca da família?

Sandro não respondeu, ergueu-se, foi até a sacada do seu apartamento e sentou-se numa cadeira. Observou a cidade que estava iniciando o seu vaivém de todo dia. "Tenho algum dinheiro no banco, por enquanto vai dar para viver, até arranjar um emprego. Afinal de contas, sou um grande executivo. Por que vou ter medo?", pensou. Enquanto pensava, notou que a mulher se aproximou e disse-lhe à queima roupa:

– Sandro, quero a separação, porque não fico com um covarde nem mais um dia.

Sandro não se surpreendeu, pois já conhecia a mulher, apenas ergueu-se e disse, antes de deixar a sacada:

– Faça da sua vida o que quiser.

Dizendo isso, saiu. Pegou seu carro e começou a rodar pela cidade, depois parou num certo lugar, sentou-se numa mesa e pediu algo para beber.

– O que o senhor deseja para beber, cavalheiro?

– Alguma coisa bem forte.

– É para já – disse o garçom.

Sandro Luís começou a beber e quando a noite chegou foi procurar os amigos. Aceitou cigarros e mais bebidas, fazendo questão de pagar toda a despesa.

A noite já ia alta quando chegou ao seu apartamento conduzido pelos amigos. Para sua surpresa, gritou pela esposa e não ouviu resposta, então deitou-se em qualquer lugar e dormiu.

No dia seguinte, ergueu-se do sofá onde havia dormido sentindo uma dor de cabeça intensa, foi até a geladeira e bebeu muita água. Encaminhou-se ao quarto do casal e não viu a esposa, foi ao dos filhos e também não os viu. Perguntou aos empregados por eles e surpreendeu-se quando fora informado de que todos estavam na residência do pai dela.

Sandro passou o dia todo pensando e chorando a falta da esposa, dos filhos, culpando-se por tudo o que aconteceu, porém, conforme se acalmava, dentro de si nascia uma coisa estranha, como se alguém estivesse dizendo: "Cada um cuida da própria vida, agora chegou a sua vez de libertar-se das amarras do sistema". Depois se levantou e desceu do apartamento onde morava, tomou o carro e saiu para a noite. Começou a sentir falta de ar, parou num bar e tomou várias doses de bebida bem forte, em seguida saiu em busca dos amigos de sempre.

Chegando a um certo lugar, os amigos o receberam com alegria e um deles convidou-o:

– Então, irmão, vamos sair desse baixo astral?

Sandro olhou para aquele pessoal e pensou: "Meu Deus onde estou metido? Mas eles são meus amigos e não vão fazer nada de mal comigo". Ele fitou o rapaz que o convidava a sair do baixo astral e respondeu-lhe com uma pergunta:

– O que você receita para a gente ficar bem?

O rapaz não perdeu tempo, meteu a mão no bolso e tirou alguma coisa, como se fosse palha enrolada em papel, e disse:

– Fume isso, enquanto vai se acostumando.

O VÍCIO

7º CAPÍTULO

Após alguns meses, Sandro, que já morava num quarto de hotel, recebeu a visita do irmão.

Marcos observou o quarto onde Sandrinho se hospedara e notou a visível decadência do irmão. O cômodo estava sujo e o hotel era de quinta categoria, abrigando pessoas de índole duvidosa. Ele observou várias garrafas vazias embaixo da cama e ficou horrorizado com a aparência do irmão, que tinha os cabelos e a barba grandes, além de estar muito pálido, magro, com os olhos constantemente vermelhos e as mãos trêmulas. Suas roupas estavam amarrotadas e sujas.

O hóspede lavou o rosto numa pia suja e depois sentou-se na cama. Fitou o irmão e o cumprimentou com dificuldade:

– Como vai, Marcos?

– Tudo bem. E você, como está passando?

– Essa é a minha situação – respondeu, apontando para cada parte do cômodo. – Mas não me importo com isso. Tenho consciência de que sou apenas um resto humano, perambulando por este mundo até quando Deus quiser.

– Meu irmão, não diga isso de si mesmo. As coisas não são como você pensa – disse Marcos, tentando disfarçar as lágrimas que teimavam em saltar dos olhos. – Vamos ajudá-lo a sair dessa.

– Marcos, quem mandou você me procurar? Foi o papai?

– Foi. Ele quer falar urgentemente com você no escritório.

O rapaz caminhou com passos incertos pelo pequeno quarto e repentinamente parou e disse-lhe:

– Sinto um carinho muito grande pelo meu pai, mas, por favor, diga-lhe que não aceitarei o convite. E não adianta insistir. Nunca mais pretendo pôr os pés naquela casa, na empresa ou na casa da minha ex-esposa. Não quero prejudicá-los, principalmente meus filhos e minha mãe, que não merecem ingratidão.

– Meu irmão, não dá para relevar o que aconteceu e voltar à sua vida normal?

– É tarde demais, mano velho.

– Você não quer se abrir comigo?

– Marcos, nesses últimos meses minha vida deu uma virada de cento e oitenta graus, sem possibilidade alguma de retorno.

– Você está me deixando apreensivo.

– Não se preocupe tanto. Não existo mais, lembre-se sempre disso – disse o irmão ironicamente se sentando novamente na cama. – Não sou digno de pertencer a essa famosa família.

Marcos aproximou-se do irmão, deu-lhe um abraço e disse, com os olhos cheios de lágrimas:

– Pode me procurar, se precisar de alguma coisa.

O irmão pensou um pouco e finalmente pediu:

– Dê-me notícias de Alessandra e de meus filhos.

Marcos ficou calado por alguns minutos e depois respondeu:

– Seus filhos estão bem. Alessandra está namorando um rapaz, esperando apenas o divórcio para se casarem.

– E quem é esse rapaz? Você o conhece?

O interpelado novamente se calou, baixou a cabeça revelando uma tristeza ou algo parecido no olhar e com voz baixa respondeu-lhe:

– Sou eu.

Sandro baixou a cabeça sentindo uma dor insuportável. Ergueu-se com os olhos cheios de lágrimas, pois amava muito Alessandra. Aproximou-se do irmão, segurou-lhe as mãos e pediu:

– Faça a Alessandra feliz, por favor.

– Também desejo lhe informar que estamos indo para os Estados Unidos, onde assumirei a diretoria da nossa filial, que já está funcionando sob a direção de um dos nossos executivos.

Sandro Luís encarou o irmão e estendeu-lhe a mão.

– Seja feliz – desejou ele. – Vou torcer para que vocês tenham sucesso.

Marcos sentiu tanta pena do irmão que começou a chorar, compreendendo naquele momento porque Sandro fora repudiado pela frieza do mundo dos negócios. Olhou para o irmão e pensou: "Como esse homem é bom, meu Deus! Somente um tolo não vê a sensibilidade dessa criatura". Despediu-se e foi embora.

Após a saída de Marcos, Sandro se deitou e começou a chorar, pensando em sua vida: "Fui respeitado como o grande executivo da família Feitosa. Casei com uma mulher linda e inteligente que me deu dois maravilhosos filhos. Era tratado como um rei quando chegava a um lugar público. Sempre ajudei os pobres dos bairros da periferia, porque sentia prazer em ver estampada no rosto das crianças e daquele povo sofrido um pouco de felicidade. Nunca fui feliz nessa vida, pois a minha missão era outra. No entanto, Deus colocou-me dentro de uma empresa da qual jamais gostei, talvez como uma provação ou expiação, como diz a religião do meu cunhado. Meu Deus, como sonhei em tocar e cantar para um público que reconhecesse em mim um artista e não um empresário! Resta-me pedir ao Senhor que me perdoe, pois nunca quis ofendê-Lo, mesmo sabendo que estou transformando este corpo num lixo, crime pelo qual indubitavelmente terei de pagar". Com esses pensamentos, fechou os olhos e adormeceu.

Enquanto isso, no escritório onde funcionava o cérebro das empresas da família, Marcos conversava com o pai.

– Sandro pediu que nós o esqueçamos, pois nunca mais virá aqui – disse Marcos, evitando fitar o genitor.

Feitosa baixou a cabeça e sentiu o peito ser comprimido. Triste, ele pensou: "Bem que Maria Antônia tentou me avisar disso tudo e agora estou vendo o resultado. O meu filho é um viciado em completa decadência física, moral e financeira".

– O que você acha disso? – perguntou o pai, erguendo-se. – Ainda podemos ajudar seu irmão?

– Sinceramente, não sei, meu pai. Quando uma pessoa se encontra numa situação como essa, é preciso que parta dela a vontade de se recuperar. Por isso, não sei que atitude nós deveremos tomar, visto que meu irmão não quer mais saber da família e nem de se curar.

– Causei um mal muito grande ao seu irmão. Afastei-o até de sua família, portanto ele tem toda razão em não querer mais se aproximar de nós.

Marcos percebeu que o pai se referia a ele e à ex-esposa do irmão.

Feitosa avisou que desejava conversar com Alessandra na hora do jantar, em sua residência.

O rapaz anuiu e foi embora.

À noite, por ocasião do jantar, Feitosa olhou para Alessandra e disse-lhe:

– Quero falar com você em particular, se for possível.

– Estarei sempre à sua disposição.

– Alessandra, por favor, vamos ao meu escritório – convidou o pai de Sandro Luís, após o jantar.

No escritório, sentado em sua confortável cadeira, Feitosa encarou a ex-nora e perguntou sem rodeios:

– Você ainda ama ou já amou o Sandro algum dia?

Alessandra empalideceu sob o olhar firme e implacável de Feitosa. Acalmou-se um pouco e também indagou:

– Qual o motivo dessa pergunta, Feitosa?

– Responda, por favor.

Alessandra sentiu as pernas enfraquecerem, pois percebeu que o ex-sogro tinha um motivo muito sério para fazer aquela pergunta.

– Sempre amei o pai de meus filhos, entretanto jamais aceitei a sua maneira sensível de tratar os negócios. Fui educada para enfrentar friamente as coisas do coração, pelo bem dos interesses da família. Sendo assim, não poderia viver com um homem como Sandro, apesar de amá-lo.

A mulher fez uma pequena pausa e continuou:

– Jamais aceitei a fraqueza e a maneira de agir do seu filho, principalmente a exagerada sensibilidade para com a desgraça dos outros, porque entendo que cada um deve lutar pelo seu próprio espaço nesse mundo. Foi assim que aprendi a viver e não tenho culpa se meu ex-marido escolheu essa vida.

O ex-sogro começou a passear pelo escritório, relatando tudo o que Marcos viu no hotel onde o filho estava hospedado.

Alessandra baixou a cabeça e começou a chorar. Após acalmar-se, perguntou:

– O que o senhor quer de mim?

– Vá imediatamente buscar o Sandro ou esqueça esta família.

Alessandra estremeceu e ficou surpresa com o tratamento do ex-sogro, principalmente pela sua extrema frieza.

– Onde posso encontrá-lo? – perguntou a bela mulher.

Feitosa escreveu o endereço do filho em um papel e o entregou para a ex-nora:

– Caso não o encontre nesse endereço, procure-o em outro lugar, porque só me interessa o resultado.

– E se ele não quiser voltar para casa, o que devo fazer?

– Esqueça esta família, porque uma mulher que ama e abandona o ser amado não é digna de perdão. Se não o amasse, a história seria outra. Não me conformo em saber que você o abandonou mesmo amando-o, principalmente no momento mais crítico da vida dele. Não estou eximindo minha culpa, mas você também errou e deve reparar isso.

Alessandra respirou profundamente, enquanto pensava: "Ele tem razão. Abandonei Sandro no momento mais crítico de sua vida. Se tivesse suportado aquela crise ajudando-o, talvez ele não tivesse caído tanto, encontrando-se atualmente nessa situação precária".

– Vou imediatamente procurá-lo – disse a mulher, erguendo-se e deixando o escritório.

Ao sair da residência de Feitosa, pegou seu carro e foi à procura do ex-marido, sempre pensando: "Meu Deus, como fui má, fria e sem coração".

Passava das vinte e três horas, quando chegou ao endereço indicado. Foi procurar Sandro no quarto do hotel e não o encontrou. Chorou ao ver o lugar onde o ex-marido vivia e pensou: "Como Sandro desceu! Mas tudo bem, ele ainda pode se recuperar, basta querer!".

Ao sair do local foi à portaria tentar conseguir informações.

– O senhor conhece um rapaz chamado Sandro Luís, que se hospeda neste hotel? – perguntou ela ao porteiro. – Sabe se ele ainda volta hoje?

– Ah! Conheço sim! Gente muito boa. Sempre me ajuda e graças a ele tenho conseguido comprar remédios para minha filha, que precisa de um tratamento contínuo.

Alessandra pensou: "Meu Sandro, sempre ajudando os necessitados. Foi isso que nunca quis entender, porém ainda não está tão tarde assim e tenho fé em Deus que vou recuperá-lo".

– O Dr. Sandro sempre chega ao amanhecer. Quanto ao lugar que frequenta, não sei informar, a não ser a rua onde fica, pois uma noite dessas fui apanhar um dinheiro que ele me emprestou.

– Por favor, moço, diga-me que rua é essa.

– Posso fazer um pequeno mapa para a senhora.

O porteiro rabiscou algo num papel e o entregou a Alessandra.

Ela agradeceu, deu uma cédula para o porteiro, pegou o carro e saiu orientando-se pelo mapa. Depois de muito rodar, olhou para o relógio e viu que já era meia-noite. Estacionou o carro numa rua e com muita coragem saiu caminhando, passando por lugares que só funcionavam à noite, frequentados por pessoas de má fama. Resolveu sentar-se numa das cadeiras de um bar. Enquanto descansava, pediu um refrigerante. De repente viu um rapaz com as roupas amarrotadas e sujas, os cabelos despenteados e um jeito de viciado. Aproximou-se, cumprimentou-o e, em seguida, perguntou-lhe:

– Moço, o senhor conhece este bairro?

– Conheço – respondeu o rapaz meio desconfiado, fitando aquela mulher elegante. – O que a senhora quer saber?

– Se você conhece uma pessoa que estou procurando.

– Como essa pessoa se chama?

– Sandro Luís.

O rapaz fitou novamente a bela senhora e pensou: "Quem será esta ricaça?"

– Ora! Quem não conhece o Sandrinho?! – disse ele abrindo um sorriso tímido.

Alessandra respirou, tentando controlar a ansiedade, e rapidamente perguntou-lhe:

– Onde posso encontrá-lo? Pago essa informação com todo o dinheiro que carrego nesta bolsa.

– Combinado.

O rapaz indicou o lugar onde ela poderia encontrá-lo ou conseguir alguma informação mais precisa sobre ele.

Alessandra meteu a mão na bolsa, retirou algumas cédulas e entregou-as ao rapaz.

– Muito obrigada, moço.

Ela saiu em disparada em direção ao lugar informado.

Chegando ao bar indicado, automaticamente procurou o ex-marido entre as pessoas que estavam naquele ambiente. Ela fez uma rápida análise do local e se perguntou:

– Meu Deus, como é possível que alguém desça tanto?

De repente viu um homem sentado ao redor de uma mesa, com os cotovelos apoiados sobre ela. Uma das mãos alisava a barba crescida, enquanto a outra colocava bebida em um copo. Ela aproximou-se com passos lentos.

Pressentindo que havia alguém ao seu lado, o homem voltou a cabeça e imediatamente empalideceu. Limitou-se apenas a olhar aquela pessoa conhecida e amada. Fez um esforço e ergueu-se cambaleante, estendendo a mão para cumprimentá-la.

– Seja bem vinda, Alessandra – disse Sandro Luís, tentando disfarçar a amargura que lhe ia à alma.

A ex-esposa empalideceu, pois não acreditava no que via. Ela puxou uma cadeira e sentou-se sem nada falar, apenas observando aquela criatura. Depois começou a chorar e a soluçar de cabeça baixa. Enquanto isso, em silêncio, Sandro voltou a sentar-se, ingerindo mais um gole de bebida.

– Então, Alessandra, o que você quer de mim? – indagou o homem, tentando aparentar uma calma que estava longe de sentir.

Ela continuou chorando. Só depois de algum tempo estendeu o braço até tocar a mão do ex-marido. Não disse nada, apenas segurou-lhe a mão.

Após alguns minutos de silêncio, ambos se encararam e ela perguntou:

– Como você está, Sandro?

– O que você acha?

Alessandra sentiu muita amargura em sua voz e entendeu também que aquele homem havia chegado ao fundo do poço. Enxugou as lágrimas e perguntou com voz embargada:

– Estou incomodando, Sandro?

– Tanto faz. Hoje nem sei mais o que é incômodo.

– Posso conversar com você?

– Pode sim. Por que não?

Alessandra calou-se por alguns minutos, analisando aquele homem que transmitia, através dos olhos, todo o sofrimento que lhe ia à alma. Notou que ele estava trêmulo, tendo que segurar o copo com as duas mãos, quando o levava à boca para beber.

– O que vocês querem de mim? – inquiriu ele, fitando a ex-esposa. – Outro dia o Marcos, seu namorado, procurou-me no hotel e agora é você que aparece sem motivo algum. Por favor, deixem-me em paz! Esqueçam que um dia existiu um homem chamado Sandro Luís!

Alessandra gelou quando ele se referiu ao Marcos como namorado dela. Pensou: "Então ele já sabe de tudo". Resolveu lhe contar toda a história, principalmente a conversa que ela e Marcos tiveram com o pai dele.

Com o semblante cansado, ele a encarou e declarou nervoso:

– Preciso de algo agora mesmo. Estou ficando sem ar. Desculpe-me, mas vou embora.

– Vou com você.

– Não é preciso. Prefiro ficar só...

Alessandra sabia que ele queria se drogar, então resolveu não deixá-lo só e insistiu:

– Deixe-me acompanhá-lo. Não irei incomodar. Você pode fazer o que quiser, pois isso não é de minha conta. Só quero conversar.

– Tudo bem – disse o ex-marido indiferente.

Ergueram-se e saíram. Cambaleante e amparado por ela, Sandro se dirigiu para um lugar esquisito, repleto de prédios antigos e abandonados, onde se viam algumas pessoas acomodadas em seus degraus e batentes. Aquele local era uma espécie de zona franca para os viciados, pois a polícia não costumava perder tempo vigiando-os. Ali estava a escória humana, que desaparecia gradativamente sem deixar rastros, saudades ou lembranças.

Alessandra observou que Sandro tirava um papelote do bolso. Ele pegou o conteúdo do pacote, um pó branco semelhante a talco, colocou sobre o dedo polegar e o levou ao nariz, aspirando-o com muita vontade. Depois passou um pouco do pó de outro papelote nas gengivas. Após alguns minutos, ainda tirou do bolso uma espécie de pedra, colocou-a em um cachimbo, acendeu-o com um isqueiro e fumou ansiosamente. Encostou-se numa parede, mas logo levantou-se e começou a andar de um lado para outro inquieto. Ficou agitado e começou a sorrir nervosamente, sentindo e vendo coisas criadas por sua mente doente, que estava sob o efeito daquelas substâncias químicas. Falava coisas sem nexo, como se estivesse realmente em outro mundo.

Ficou um longo tempo assim, até que foi melhorando. Ao se sentir mais sóbrio, perguntou, atropelando as palavras:

– Tudo bem com você, Alessandra? Quer sair um pouco desta vida ingrata?

– Como vou sair desta vida, Sandro?

– Viajando...

Alessandra começou a chorar e soluçar muito alto, sem poder se controlar, porque era demais para ela presenciar tudo aquilo. Logo Sandro, que até pouco tempo era visto como um gênio dos negócios, paparicado pelos homens endinheirados e que conversava com pessoas de diferentes países como se fosse um verdadeiro mágico das finanças. O então orgulho da família estava naquele estado de fazer dó, tudo porque não aguentou a pressão do maldito sistema.

A ex-esposa estava entregue aos seus pensamentos, quando Sandro tentou se erguer. Ela o amparou e eles começaram a andar, voltando para o mesmo barzinho onde se encontraram. De repente ele parou, tirou um lenço de papel do bolso e limpou o nariz, que sangrava, devido à altíssima dose de cocaína que havia cheirado e provocado ferimentos na mucosa do seu nariz, já bastante afetado pelo uso contínuo da droga.

Preocupada, Alessandra tirou um lenço da bolsa e ajudou a estancar a pequena hemorragia no nariz do ex-marido, pensando: "Como é triste presenciar tudo isso, principalmente a decadência física desse homem!"

No horizonte, as pesadas nuvens anunciavam chuva, pois travavam um duelo com o sol que desejava assumir seu lugar no mundo, iluminando a Terra e demonstrando que chegava um novo dia. Ao chegarem ao tal bar, sentaram-se e Alessandra começou a falar com muito cuidado.

– Sandro, vim buscá-lo e prometo que vou tratar de você – disse a ex-mulher. – Depois voltaremos a viver do jeito que você quiser, juntos e com nossos filhos.

– Muito tarde, muito tarde, Alessandra – disse o homem, sacudindo a cabeça e passando as mãos nos olhos.

– Pelo amor de Deus, não faça isso com você, comigo, com seus pais e, principalmente, com seus filhos!

– Alessandra, preste bem atenção em mim e diga o que você vê? – indagou o rapaz com voz amargurada.

– Vejo um homem sofrido, injustiçado, sensível, bom e que neste momento atravessa uma fase crítica. Mas mesmo assim, tenho fé em Deus que você sairá dessa.

– Enganou-se. Você está vendo um ser que já foi um homem, ou seja, um ser humano. Entretanto, agora, minha querida, quem está aqui é um lixo, um resto que a qualquer momento pode morrer com uma overdose, em virtude da grande quantidade de drogas que venho usando.

Ele fez uma pausa e respirou profundamente o ar da madrugada, fitou o horizonte, riu como se estivesse ouvindo uma piada e voltou a falar:

– Sempre a amei de todo meu coração, assim como amo os meus filhos e os meus pais queridos. Não tenho nenhum ressentimento dos meus pais e irmãos, porque o culpado sou eu. Eu é que não soube enfrentar as feras que habitam este mundo e nem fui preparado para isso. Estou me referindo às feras humanas, que são piores que as feras propriamente ditas.

Alessandra ouvia em silêncio aquele desabafo, compreendendo que não conseguiria modificar a decisão dele, pois nunca vira alguém tão determinado como aquele homem.

– Querida, não adianta tentar me convencer a voltar para casa ou para o mundo de vocês. Isso seria inútil. Eu sei que estou morrendo aos poucos, mas nada posso fazer, porque já fui fisgado por esse vício terrível que a humanidade deve temer e tomar muito cuidado – completou o ex-marido, com voz amargurada.

– Sandro, não faça isso comigo, pelo amor de Deus! Eu o amo tanto, você não pode imaginar a dor que senti quando nos separamos. Namorei o seu irmão para tentar esquecê-lo, porém não consegui. Sou orgulhosa, ambiciosa, fria, calculista e sei que não pude compreendê-lo naquele fatídico dia, quando saí de casa.

A moça fez uma pausa, enxugou as lágrimas, segurou com força no braço do ex-marido e suplicou-lhe:

– Meu querido! Vamos recomeçar a nossa vida. Hoje existem clínicas modernas para recuperação de viciados e com o meu amor e de sua família, tenho absoluta certeza de que venceremos essa guerra contra a sua dependência física e psicológica dessas perigosas substâncias químicas.

Com ternura, Sandro fitou longamente Alessandra e com a voz embargada pela emoção comentou:

– Alessandra, você não pode imaginar como é o mundo no qual vivo. Jamais alguém conseguirá reproduzir com palavras como é a destruição que as drogas causam ao ser humano. Esse caminho não tem volta. Estou no fundo do poço e não tenho coragem de voltar à tona.

– Então a sua resposta é não, em definitivo?

– É. Diga aos meus pais para não se preocuparem comigo e façam de conta que eu simplesmente não existo.

O rapaz levantou-se, olhou mais uma vez para a ex-esposa e disse-lhe:

– Esqueça-me, Alessandra, e seja feliz.

Depois saiu caminhando com passos inseguros, entrou por uma ruela e desapareceu.

Alessandra caminhou em direção ao seu carro e começou

a dirigir sem rumo. Parando numa rua qualquer, ela viu o dia chegar. Pensou: "Meu Jesus Cristo, perdoe o mal que fiz àquele homem!". Recomeçou a dirigir e seguiu para o prédio em que morava. Já em seu belíssimo apartamento, sentou-se no sofá da sala e adormeceu do jeito que estava.

Algumas horas depois, quando acordou, ergueu-se, tomou banho e trocou de roupa, seguindo para o escritório de Feitosa, após tomar uma xícara de café.

O ex-sogro a recebeu na porta e muito ansioso, foi logo perguntando:

– Minha filha, diga-me logo se você conseguiu encontrar meu filho.

– Consegui, mas não pude trazê-lo.

Alessandra relatou tudo o que aconteceu.

Feitosa foi até a gaveta de sua mesa, pegou um frasco e retirou dele um comprimido, tomando-o em seguida. Após alguns minutos, perguntou de chofre à ex-nora:

– O que você vai fazer agora?

– Qual o motivo da pergunta?

– Conforme o combinado, eu não permito mais que você viva entre a nossa família.

– Não me interessa mais pertencer à sua família. Vou deixar a sua casa para sempre e não me casarei com Marcos. Tomei essa decisão enquanto conversava com Sandro, quando reconheci que o único homem que amei nesta vida foi ele. Entregarei meus filhos para os meus pais e deixarei este país, pois a minha vida acabou e não tenho mais nada. Pensei que poderia esquecer meu ex-marido casando-me com Marcos, mas isso tudo foi uma grande ilusão.

Feitosa surpreendeu-se com a reação da ex-nora e então resolveu voltar atrás.

– Minha filha, vamos com calma. Por favor, desconsidere o que eu disse há pouco – disse ele, tentando contemporizar a situação.

– Não culpo ninguém e muito menos o senhor. Só quero ficar sozinha por algum tempo, enquanto esqueço o pouco que vi ontem. Se pudesse, ficaria para sempre com o Sandro, levando a mesma vida que ele. Hoje entendo que o sofrimento dele sempre esteve ligado a sua revolta com o mundo, por sonhar com uma sociedade igualitária e justa.

– Então, por que você não tenta ajudá-lo?

– Porque nunca vi uma decisão tão firme como a dele em não querer mais voltar para a família. Ele não se acha humano e diz que a qualquer momento poderá morrer. Disse também que para uma pessoa como ele não existe outro remédio a não ser a morte. Sandro não culpa ninguém em particular – disse a mulher, ajeitando os sedosos cabelos, com ar de quem estava muito cansada. – Segundo ele, essa culpa pertence a todos nós, que transformamos esse mundo no que ele é.

VIAGEM SEM VOLTA

8º CAPÍTULO

Passava do meio-dia quando Sandro acordou. Ergueu-se da cama meio tonto, procurou a pia, apanhou água com as mãos e bebeu, em seguida lavou o rosto. Sentiu náuseas, entretanto fez o possível para neutralizar o enjoo, mas mesmo assim não conseguiu e vomitou. Sentiu tremor acompanhado de suor frio percorrer-lhe o corpo e uma enorme ansiedade apoderar-se de si. Ficou inquieto e começou a andar pelo quarto, tentando dominar aquele mal-estar. Sem saber o que fazer para controlar aquela situação, saiu do hotel quase correndo e se dirigiu para um lugar onde havia uma enorme aglomeração de pessoas se divertindo, tudo regado a muita bebida, fumo e música estridente. Entrou por um corredor e foi até o fundo do estabelecimento. Penetrou numa sala sem pedir licença e com as mãos trêmulas implorou a um homem que se encontrava sentado atrás de uma mesa contando dinheiro.

– Paulão, arranje-me alguma coisa, por favor! – pediu Sandro Luís ansioso. – Não aguento mais!

Paulão era negro e magro. Tinhas as mãos cheias de anéis e o rosto suado, com as feições marcadas pelo constante uso de drogas e o mal que era capaz de cometer contra aquele que estava sob o seu controle.

– Mano, você está me devendo muito e não tem como pagar o que deve – disse o traficante com maneira ríspida. – Aconselho-o a procurar seus pais e tentar conseguir o dinheiro.

– Tenha paciência que irei pagar o que devo, mas por enquanto me arranje alguma coisa! Dê-me alguma pedra e um pouco de pó, por favor!

– Acho que você não entendeu, amigo. Não posso lhe fornecer mais nada, pois corro o risco de não receber o que você me deve, entendeu?

– O que posso fazer para quitar minha dívida?

– Só tem um jeito.

– Qual?

– Você pode me fazer um pequeno favor...

– Que favor é esse?

– Entregue uma encomenda num certo endereço.

– Isso é tráfico! Eu não sou traficante, Paulão!

– Então, retire-se da minha sala!

Sandro sentia o corpo tremer involuntariamente e uma ânsia de vômito quase incontrolável. Com os olhos vidrados, as mãos comprimindo o estômago e quase em pânico, indagou:

– Onde devo entregar essa encomenda?

O traficante lhe deu um pacote, um papel com o endereço e uma pequena trouxa.

– Aí está o seu "bagulho" – disse Paulão, como se estivesse ordenando. – Agora, vá entregar essa encomenda, antes que eu perca um grande cliente.

Sandro Luís pegou o pacote e a pequena trouxa e foi para o banheiro onde havia muita gente. Fumou uma das pedras, depois colocou o conteúdo de um papel nas costas da mão e aspirou. Ao saciar provisoriamente seu vício, saiu com o pacote e encaminhou-se ao endereço que lhe foi dado, onde entregaria a mercadoria.

Infelizmente, o ex-empresário começava a dar seus primeiros passos no submundo do crime, fazendo pequenas entregas em pontos estrategicamente distribuídos na cidade. Depois que entregou a encomenda ao destinatário, encaminhou-se a um bar que ficava nas imediações do seu hotel, sentou-se, meteu a mão no bolso e não encontrou nem uma moeda. Sentiu-se muito triste e falou para si em voz baixa, quase sussurrando: "Veja aonde cheguei, meu Deus! Estou com fome e com vontade de tomar uma bebida e não tenho condições de pagar". Já ia se retirando do local, quando ouviu alguém falar:

– Olá, mano!

Sandro voltou-se para ver quem o cumprimentava e imediatamente reconheceu um de seus amigos da "pesada", que há muito tempo levava aquela vida.

– Olá, Renato!

– Tudo bem com você, Sandro?

– Tudo.

– Vamos tomar alguma coisa?

Sandro, que estava esperando por aquele convite, aceitou de imediato.

– Vamos lá.

Ambos procuraram outro bar, sentaram-se e pediram algo para comer e beber.

Ficaram em silêncio por alguns minutos, quando de repente Renato comentou:

– Estou ferrado!

– O que houve?

– Mano, eu posso morrer a qualquer momento, por isso queria lhe pedir um favor.

– Fale, amigo.

– Além da turma do Tião Malvado ter me jurado de morte, também sinto que o meu fim está chegando. Ainda ontem tive uma parada cardíaca por causa de uma dose excessiva de cocaína. Você sabe muito bem que estou no mundo das drogas há muito tempo, acho até que já vivi demais.

Sandro ouvia tudo calado, sentindo uma dor atroz no peito ao ver um dos facínoras mais perigosos da cidade fazer uma confissão como aquela.

Renato continuou falando e, num determinado momento, começou a chorar. Para disfarçar as lágrimas que teimavam em rolar pela sua face, abaixou a cabeça e permaneceu em silêncio.

Sandro estava impassível, apenas observando o companheiro e pensando consigo mesmo: "Meu Deus, ajude esse pobre sofredor! Ele também é vítima da sociedade e de suas fraquezas, pois desde criança tem as ruas como lar e não pôde sonhar com um futuro diferente desse". Após um tempo em silêncio, indagou:

– Renato, o que você quer me pedir?

– Você tem uma família. Tem pais, irmãos, esposa, filhos e até hoje não consigo entender por que você faz parte desse mundo em que vivemos, onde, desde que entramos, já compramos uma passagem para o outro mundo e esperamos a hora de viajar pela última vez.

Ele fez uma pausa e continuou:

– Nasci e fui criado na rua, sem família, e desde cedo só conheci a lei do mais forte: matar ou morrer.

Sandro permanecia calado, somente ouvindo aquela criatura sofredora.

– Meu amigo, preciso que você me faça um favor – pediu Renato, segurando as mãos do ex-empresário.

– Que favor é esse?

– Tenho dois filhos que vivem com a avó, porque a mãe deles morreu num tiroteio entre a polícia e a rapaziada. Peço-lhe que, quando eu morrer, você cuide deles para mim, pois o único tesouro que tenho nesta maldita vida são meus dois filhos, Teresa e João. Ela tem dez e o irmão oito anos.

– Você é muito forte e não vai morrer agora. Mas se isso acontecer, prometo que vou cuidar deles.

– Deus lhe pague, amigo! – disse Renato, erguendo-se.

Sandro baixou a cabeça e sentiu que estava muito emocionado, pediu uma bebida bem forte e a tomou de um gole.

Enquanto isso, Renato meteu a mão no bolso, retirou um pequeno pacote e lhe deu, dizendo:

– Tome, mano, não preciso mais disso.

Sandro pegou o pequeno pacote e, pelo tato, deduziu que era dinheiro. Ele ainda vacilou, mas depois guardou o embrulho no bolso.

Renato despediu-se do amigo e começou a caminhar sem rumo.

Sandro também seguiu em direção ao seu quarto na pensão. Quando chegou, surpreendeu-se ao encontrar ali, sentada em sua cama, a ex-esposa Alessandra.

– Como vai, Alessandra?

– Estou bem, Sandro.

– A que devo a honra desta visita? – perguntou o ex-marido, enquanto lavava as mãos na pia.

– Vou embora para o exterior, para colocar minhas ideias no lugar.

O rapaz olhou para ela como se não acreditasse no que estava ouvindo e perguntou:

– E as crianças, como vão ficar?

– Ficarão com os meus pais.

– Você não pode fazer isso, Alessandra!

– Se você as abandonou para viver a sua vida, porque eu também não posso fazer o mesmo?

Sandro sentou-se na cama e colocou o rosto entre as mãos, pensando: "Será que fiz tanto mal assim?"

– Alessandra, você sempre foi segura, dona de si, decidida e forte, por isso acho que não está procedendo direito ao deixar as crianças no momento em que elas mais precisam da mãe.

– Estou decidida a desaparecer desta cidade e recomeçar uma nova vida, isto é, se eu não enveredar por esse mundo em que você está.

– Tudo bem, faça de sua vida o que quiser – disse Sandro meio aborrecido, saindo do quarto, batendo a porta.

Alessandra ainda ficou ali por alguns minutos, mas logo se ergueu decidida e foi atrás do ex-marido, conseguindo achá-lo no mesmo lugar onde o encontrou pela primeira vez.

A noite havia chegado. O mundo noturno iniciava a sua vida cotidiana e o povo que habitava a escuridão começava a aparecer.

Por volta das vinte e uma horas, sem dizer nada, juntamente com Alessandra, Sandro foi para o lugar onde costumava se drogar. Ao chegar, sentou-se e deu início ao mesmo ritual, porém ouviu gritos que lhe chamaram a atenção. Rapidamente se levantou e, acompanhado pela ex-esposa, encaminhou-se para o local de onde partiram aqueles gritos. Ao se aproximar, observou que era Renato passando mal.

Assim que saiu do bar, Renato foi àquele lugar e usou sem parar toda a droga que tinha, tanto para seu uso pessoal, como para vender. O rapaz estava numa situação de fazer dó a qualquer um que tenha o mínimo de sensibilidade. Escorado em uma parede como se estivesse desmaiado, deixava escorrer uma baba branca pela boca. O nariz sangrava intensamente, os olhos estavam embaçados e ele também sentia uns tremores momentâneos. Segurava um objeto parecido com um cachimbo e o rosto estava sujo de pó.

Alessandra não parava de chorar; era como se enxergasse naquele rapaz o destino do ex-marido.

Sandro abaixou-se e segurou o amigo pelos ombros, ajeitando-o. Depois, com a barra de sua camisa limpou o nariz e a boca de Renato, enquanto tentava reanimá-lo.

– Renato! Renato! Responde cara!

O rapaz respirou fundo, olhou para o amigo e falou com dificuldade:

– Sandrinho, estou chegando ao fim. Sou um covarde por não reagir, como sempre fiz. Acho que chegou o momento de deixar este mundo, amigo.

O viciado buscou ar e tentou respirar para continuar falando:

– Estou vendo alguns dos nossos amigos que já se foram. Será que eles não morreram? Eles estão aqui. Você não vê?

– Não, amigo.

Sandro não se assustou com o que Renato disse, pois já havia ouvido o seu cunhado afirmar que ninguém morre, pois somos imortais. Ele olhou para Alessandra e percebeu que ela também relembrava as palavras do cunhado.

– Renato, você vai sair dessa, se Deus quiser. Não tenha medo. Vamos levá-lo para um hospital, certo? – tentava animar o amigo.

O moribundo olhou para o amigo de infortúnio e, com certa dificuldade, comentou:

– Amigo, você sabe muito bem que é impossível voltar do lugar para onde estou indo.

Não aguentando mais aquela situação, Sandro permitiu que lágrimas rolassem pela sua face, com pena e saudade antecipada daquele amigo que estava indo embora.

A ex-esposa tomou com carinho a cabeça de Renato e a apertou de encontro ao seu peito, embalando-o como uma criança.

– Tenha calma, Renato – ela tentava animá-lo. – Nós o levaremos para um médico e você ficará bom.

Renato levantou a cabeça e perguntou ao amigo, num sopro:

– Mano, é esta a moça... com quem você se casou?

– Sim. Esta é a Alessandra.

– Não sei por que você escolheu esta vida. Vou morrer sem entender o motivo que o levou a deixar sua família para viver neste inferno.

Depois destas últimas palavras, pediu para o amigo acender o cachimbo e colocá-lo em sua boca.

Sandro atendeu seu pedido.

Renato fumou e de repente começou a tremer, soltando um gemido e logo relaxando o corpo.

Sandro e Alessandra imediatamente auscultaram o coração dele e postaram o dedo em seu braço, procurando pulsação. Eles entreolharam-se e concordaram em linguagem muda: "Morreu".

Sandro começou a chorar, beijando o amigo, enquanto Alessandra soluçava, fazendo uma oração:

– Que Deus se compadeça de sua alma e daqueles que também estão se preparando para seguir esse mesmo caminho.

De repente, várias pessoas se colocaram ao redor deles, todas em silêncio, somente observando.

Algumas pessoas rezavam baixinho.

– Irmão, siga em paz – dizia um.

– Até que demorou muito para ele fazer esta viagem sem volta – comentava outro.

– Não adianta lamentar. O nosso caminho será o mesmo – resignava-se alguém sem esperança.

Sandro deixou a mulher vigiando o corpo do amigo e foi telefonar para alguém que pudesse tomar as devidas providências.

Depositaram algumas folhas de jornais sobre o corpo de Renato e foram embora, para evitar problemas com a polícia.

Voltaram para o bar. Sandro pagou a conta e disse para Alessandra:

– Temos que ir embora. Daqui a pouco a polícia estará aqui.

Então, procuraram outro bar, num lugar bem distante dali.

Em outro estabelecimento, o ex-empresário pediu bebida e permaneceu em silêncio por alguns minutos.

Alessandra também estava entregue aos seus próprios pensamentos. Foi ela quem quebrou aquele mutismo.

– Sandro, pelo amor de Deus, você tem de voltar comigo. Nem tudo está perdido. Tenho certeza de que ficará bom e poderá retornar ao seu verdadeiro lar, para dar continuidade ao seu trabalho, principalmente neste momento em que as crianças tanto precisam de um pai.

Lágrimas desciam dos olhos da bela mulher, enquanto Sandro suspirava e pensava: "Logo estarei fazendo essa viagem sem volta, porque não consigo mais deixar esse transporte que entrei num momento de angústia. Agora é tarde para querer descer". Voltou-se para Alessandra e esclareceu-lhe:

– Minha querida Alessandra, se na época em que estava com a cabeça cheia de conflitos, tivesse recebido esse convite, talvez fosse capaz de enfrentar o mundo por você e pelos meus filhos. Porém, escorreguei e caí, tentei me levantar e consegui, até que chegou o dia em que novamente tropecei e caí, porém não tive mais forças para me erguer. Jamais conseguirei ser uma pessoa normal. Algo muito forte me empurra para esse inferno onde me encontro. Perdoe-me, mas não lhe prometerei nada. Sei perfeitamente que não conseguirei vencer essa batalha.

– Você é um covarde – rebateu Alessandra desesperada.

– Concordo com você e não vou me defender, pois não tenho razão. A razão está com o sistema e nós sempre seremos peças dele.

– Podemos mudar tudo isso! Só depende de cada um de nós!

– Não acredito nisso. Você não tem a menor ideia do poder de alienação desses entorpecentes.

– Não enxergo a vida assim. Já vi casos piores do que o seu, de pessoas que se recuperaram. Por que não pode acontecer o mesmo com você?

– Minha querida, tudo se torna mais fácil quando não vivenciamos os problemas alheios. É cômodo mostrarmos o caminho certo, dar conselhos, dizer o que está errado, prometer o céu e a terra, como pregam algumas religiões, transformar as cidades, estados e países num sonho, como prometem os políticos em época de eleições, mas tudo isso não passa de teoria. A vida prática é ensinada através da convivência, no seu dia a dia. Estudei nas melhores faculdades do mundo e só conseguia enxergar o lado belo do futuro, que aos poucos se delineava. Nunca passei por nenhuma dificuldade na vida, porque nasci no seio de uma família rica, entretanto não me ensinaram a realidade.

Alessandra não se perturbava com aquelas afirmações. Confirmava cada palavra do que ele dizia, ou seja, a verdade que nunca conseguiu ver. Ela mesma fora educada para ser uma máquina de fazer dinheiro e sempre teve satisfação em viver do lado mais forte – lado dos que têm a posse do ouro –, sem nunca ter pensado nos que viviam além das fronteiras do seu mundo.

– Você está completamente certo, mas ainda acho que tudo depende de nós – disse ela meio vacilante.

Com ar de enfado, ele convidou a mulher para ir embora, pois não se sentia muito bem naquela noite. Ela aceitou e ambos rumaram para o hotel dele.

Assim que chegaram, o rapaz encarou a ex-esposa e disse-lhe:

– Vou lhe pedir uma coisa, em nome de Deus, de nossos filhos e do amor que você diz sentir por mim.

– Pode pedir.

– Volte para casa e nunca abandone nossos filhos. Sei que

você é mais sensata e mais forte do que eu. Se quiser me visitar, estarei sempre por aí. Mas, pelo amor de Deus, não deixe nossos filhos entregues a esse mundo cruel.

Alessandra aproximou-se do marido e pediu-lhe:

– Então, deixe-me amá-lo por uma noite. Prometo que voltarei para os nossos filhos, mas não quero perder você. Só descobri o quanto o amo depois que o perdi. Deixe-me viver um pouco com você, por favor!

Ele não respondeu, apenas deitou-se e fechou os olhos. Alessandra se deitou ao lado dele e ambos adormeceram.

Ao acordar, viu Alessandra dormindo ao seu lado. Ergueu-se e foi até a janela ver nascer um novo dia. Depois voltou e ficou observando carinhosamente aquela linda mulher. "Como essa mulher é forte! É por isso que não sou digno dela. Não tenho a coragem dela para vencermos, juntos, nossa jornada. A vida pertence aos fortes, aos bravos, e neste mundo não existem lugares para os fracos, derrotados e covardes. Sou um fraco e, sobretudo, um derrotado, pois não tenho garra para lutar por um lugar ao sol", pensou.

Alessandra acordou disposta e, assim que terminou sua toalete, ele perguntou-lhe:

– Alessandra, você quer ouvir a história do Renato, aquele rapaz que morreu ontem de overdose?

– Sim, por favor.

Ele narrou toda a história do amigo, não esquecendo de falar sobre o dinheiro que havia recebido para entregar aos filhos dele.

– O que você vai fazer? – perguntou a ex-mulher curiosa com a história do Renato.

– Irei agora mesmo ao endereço que ele me deu entregar

esse dinheiro para a avó das crianças. Quanto a você, deve ir para casa cuidar das crianças.

– Antes, quero ir com você entregar esse dinheiro para os filhos do Renato. Talvez eu comece a entender esse outro lado da vida.

– Então, vamos.

Ambos encaminharam-se ao lugar que Renato havia indicado. Após um tempo procurando o tal endereço num bairro miserável, sem saneamento básico, situado na periferia, encontraram uma casa de quarto e sala. Bateram palmas e foram atendidos por uma mocinha que os encarou assustada.

– Vovó, tem um rapaz e uma moça querendo falar com a senhora – anunciou a garota meio desconfiada.

Em seguida uma senhora idosa adentrou a pequena sala, ajeitou o cabelo embranquecido pela idade e indagou:

– Posso ser útil em alguma coisa? – perguntou ela fitando nos olhos das visitas.

– Viemos da parte de Renato.

– O que aconteceu com Renato? – perguntou a senhora. – Não escondam nada, por favor. Infelizmente, sempre espero o pior daquele menino.

– Bem, já que não é novidade para senhora a vida que ele levava, então já deve estar preparada para o pior...

– Ele morreu? – perguntou a mulher, chorando.

– Sim, morreu.

Depois dos primeiros momentos de tensão, choro e lamentações, Sandro relatou o ocorrido com o amigo e soube que a senhora já havia tomado conhecimento de boa parte da situação dele. Após alguns minutos, meteu a mão no bolso, tirou um pacote e entregou-lhe.

– Fiz uma promessa para ele antes de sua morte – informou Sandro, tentando controlar a emoção. – Prometi entregar este pacote a senhora.

– Obrigada, moço. Ele nunca esqueceu de nós. O Renato era louco pelos filhos, além disso, era um menino bom, brincalhão, risonho e muito namorador, mas como a vida não lhe quis, revoltou-se contra o mundo – agradeceu e comentou: – custou-me para entender, mas de um tempo para cá consegui aceitar o que se passava naquele coração.

A mulher abraçou a neta, que continuava chorando a morte do pai, beijou-lhe o rosto e disse-lhe:

– Tenha fé em Deus, minha filha, pois tenho certeza que o Nosso Senhor Jesus Cristo deve ter estendido a mão ao seu pai.

Sandro e Alessandra se entreolharam, como se estivessem envergonhados da fé daquela mulher de rosto curtido pelo sol e talvez acostumada com esse tipo de acontecimento, pois tudo indicava que naquele bairro era normal alguém perder a vida para os vícios, bandidos ou até mesmo enfrentando a polícia. Despediram-se da senhora e foram embora. Após um tempo andando, entraram num barzinho e pediram algo para beber.

– Ainda estou pensando na morte daquele rapaz e no sofrimento atroz que ele deve ter sentido – comentou Alessandra, tirando os óculos de sol e passando o lenço no rosto.

– Esta é a situação em que me encontro. A qualquer momento, também estarei me despedindo deste mundo. Por isso, não quero perturbá-los com os meus problemas e nem enxovalhar o nome da família com a sujeira que acumulei durante vários meses nesta vida.

– Querido, vou para casa cuidar dos nossos filhos, porém, se você não mudar, tentar uma recuperação e morrer sob o efeito das drogas, prometo que também abandonarei tudo e viverei a minha vida. Lembre-se: isto é uma promessa.

Ela disse isso e se ergueu, beijou o ex-marido na boca, dirigiu-se ao carro que havia deixado estacionado antes de buscarem a pé o endereço dos filhos do Renato e foi para a sua residência.

Sandro ficou algum tempo sentado, pensando em sua vida: "Acho que vou deixar o hotel ainda hoje. Não tenho mais condições de pagar aquele quarto. Terei que fazer outra entrega para o Paulão e assim conseguir algum dinheiro para pagar minha conta da pensão. Depois irei para outro lugar ou então dormirei por aí". Ergueu-se e se dirigiu para o covil do Paulão, onde acertou a entrega de outra encomenda e conseguiu dinheiro para pagar sua dívida e comprar mais drogas.

Ao voltar para o hotel, foi até a portaria, pagou tudo que devia, pegou uma pequena mala com alguns objetos e foi embora, sem saber para onde.

À noite, deixou a mala no bar de um conhecido e foi ao seu lugar preferido para "viajar". Sentou-se no chão, tirou o conteúdo de dois pequenos papéis, colocou nas costas da mão e o aspirou de uma só vez. Passou a mão direita no nariz, enquanto pensou: "Esse negócio não está mais fazendo efeito. Tenho mesmo é que fumar umas pedras para sentir o barato". Neste exato momento ele ouviu umas pessoas gritarem:

– O Jorge não está voltando!

Sandro se encaminhou apressado para o lugar de onde vinham os gritos e viu um jovem, quase uma criança, de barba rala, boa aparência, cabelos compridos e corpo esquálido, sofrendo convulsões fortíssimas. Ele se abaixou e abraçou o rapaz.

– Calma, ainda não chegou sua hora! Você ainda tem muita coisa para fazer, menino – desesperado, Sandro tentava reanimá-lo.

De repente, o rapaz abriu os olhos e disse com dificuldade:

– Minha mãe... Minha mãe...

Terminando de dizer essas últimas palavras, ele teve mais uma forte convulsão e morreu.

Como de costume, Sandro verificou se o jovem ainda estava vivo. Abatido e emocionado, levantou-se e encarou as pessoas que acompanhavam o garoto, em sua maioria crianças e adolescentes, e disse:

– Meus amiguinhos, o Jorge morreu.

Após gritos de desespero e muito choro, finalmente o silêncio chegou, enquanto Sandro procurava uns jornais velhos para cobrir o corpo do rapaz. Depois passou a mão em seus olhos e rogou:

– Que Deus tenha pena de sua alma.

O ex-financista caminhou em direção ao seu bar preferido e pensou: "Mais um que fez a grande viagem sem volta".

A PRISÃO

9º CAPÍTULO

Sandro estava sentado num banco de praça quando alguém sentou-se ao seu lado e puxou conversa:

– Olá, amigo!

– Olá!

Ele observou que o desconhecido tinha alguns cacoetes, como o de ficar piscando e mexendo o pescoço, como se estivesse se desviando de alguma coisa.

O rapaz tornou a falar, atropelando as palavras:

– Meu nome é Ronaldo. E você, como se chama?

– Sandro Luís.

– Muito prazer, Sandro. Qualquer coisa pode contar comigo.

A partir daquele momento, teve início uma forte amizade entre os dois, pois descobriram que partilhavam o mesmo vício pelas drogas. Após conversarem sobre coisas triviais, ergueram-se e foram em busca de um bar, onde sentiram-se mais à vontade, principalmente porque poderiam conversar servindo-se de bebidas.

Ronaldo soube que o amigo não tinha onde morar e o

convidou para morar com ele, em seu barraco na periferia da cidade. Sandro pensou, depois resolveu aceitar o convite daquele rapaz que também era viciado. Ambos se encaminharam para a residência do Ronaldo, que ficava distante dali.

Assim que desceu do ônibus, Sandro viu o lugar ermo onde Ronaldo morava e perguntou-lhe:

– Você mora por aqui?

– Logo ali na frente, num terreno baldio, onde construí um barraco com algumas tábuas e folhas de zinco. Bom, pelo menos até hoje ninguém me incomodou.

Caminharam mais um pouco e adentraram um terreno repleto de lixo, totalmente abandonado.

– Pronto, amigo, esta é minha casa – disse Ronaldo orgulhoso, apontando sua moradia.

Sandro observou à sua frente um minúsculo barraco, erguido praticamente no meio de um capinzal. Ao entrar no ambiente, notou que só havia um cômodo sujo, com alguns papelões espalhados no chão de barro batido, indicando que serviam de cama.

Era madrugada. Ronaldo acendeu um pedaço de vela iluminando precariamente o barraco, depois se deitou num dos cantos, enrolou-se num pedaço de pano imundo, porém antes de dormir olhou para seu novo amigo e disse:

– Boa-noite, mano. Procure um lugar e vá dormir. Amanhã arranjo alguma coisa para você fazer.

Passava das nove horas quando Ronaldo se levantou e imediatamente enrolou algo num papel, acendeu e fumou, oferecendo aquela espécie de cigarro para o colega que também já havia acordado.

Sandro sabia do que se tratava, portanto aceitou o cigarro e fumou com volúpia.

– Amigo, tenho um trabalho para você – disse Ronaldo com voz trêmula, própria dos viciados quando estão em jejum.

– Posso saber que tipo de trabalho é esse?

– Eu tenho algumas pedras de *crack* enterradas dentro de uma lata neste barraco – respondeu o colega, com os braços cruzados, como se estivesse com frio. – Temos que fazer dinheiro com elas, para podermos comer e comprar o que quisermos.

Instintivamente, Sandro pensou: "Não sei quando vou parar de cair. Aos poucos, estou virando um traficante fracassado, pois nem para isso sirvo. Minha mente não aceita se desenvolver para trabalhar com este tipo de negócio. Além de sujo, o tráfico também é maléfico à sociedade". Seus pensamentos foram interrompidos por Ronaldo que, ao tirar de dentro de uma lata um material indicando que se tratava de droga, disse:

– Tome, mano. Se vire para vender isso. Amanhã tenho que prestar contas desse "bagulho".

Sem jeito, Sandro pegou a pequena trouxa de pano com as pedras e a colocou no bolso, dizendo:

– Deixe comigo. Já sei onde vendê-las.

Ambos saíram do barraco, tomaram o ônibus e foram para o centro da cidade.

Sandro desceu antes do colega de vício.

– Amigo, depois a gente se vê – despediu-se Ronaldo prosseguindo viagem.

– Tudo bem.

Sandro resolveu encarar o novo ofício e começou a traficar

as pedras que recebeu. Em uma das suas negociações, exatamente no momento em que repassava a droga para um dos seus compradores, ouviu gritos e o engatilhar de armas.

– Parado aí, meu camarada! Polícia!

O rapaz não esboçou nenhuma reação e imediatamente fora conduzido, dentro de um veículo da polícia, à delegacia mais próxima. Na cadeia, ele foi jogado numa cela qualquer e teve sorte por ter ficado em uma que estava quase vazia. Sentou-se num canto e começou a pensar em sua vida: "O filho caçula da família do poderoso Feitosa agora está preso numa cela comum, como um marginal qualquer. Não adianta reclamar. Eu mereço tudo isso". Tentou dormir, mas não conseguiu, pois seus pensamentos não o deixavam aquietar-se.

No dia seguinte, logo cedo, o delegado e dois policiais civis visitaram os presos. Pararam em frente a Sandro e o delegado o encarou. Depois perguntou aos policiais que o acompanhavam:

– Vocês conhecem esse sujeito?

Os policiais se aproximaram, observaram com mais atenção o preso e um deles respondeu:

– Nunca o vi.

O outro se aproximou mais um pouco, pediu para abrir a cela e depois falou surpreso com o rapaz que estava sentado num canto:

– Dr. Sandro?

O preso ergueu os olhos para aquele que havia chamado o seu nome e o reconheceu. Era um dos homens que trabalhava, nas horas vagas, como segurança da casa de seu pai.

– Como vai? – cumprimentou ele, erguendo a cabeça.

– Doutor, como o senhor está diferente. O que fez para

estar preso? – perguntou o policial.

– Meu amigo, não faça perguntas para uma pessoa como eu!

O policial se voltou para o delegado e disse-lhe:

– Doutor, esse homem é o filho desaparecido da família para a qual eu trabalho como segurança nas horas vagas. Vou telefonar imediatamente para o Dr. Feitosa.

O delegado ficou meio receoso. O preso foi reconhecido como o filho de alguém que tem dinheiro e nesses casos todo cuidado é pouco, haja vista a responsabilidade ser bastante pesada para a polícia, principalmente para o delegado, que obedece cegamente a quem está no poder. O medo vem do dinheiro, que compra tudo, inclusive consciências.

Enquanto conversavam, obedecendo a sua intuição de homem acostumado a esse mundo dividido entre pobres e ricos, o delegado mandou soltar Sandro, antes que alguém visse aquele marginal de renome preso numa delegacia imunda.

"Esse sujeito deve ter curso superior, portanto não quero complicações com essa gente", pensava o delegado, esperando a qualquer momento enfrentar seus familiares.

Passados alguns minutos, dois carros de luxo estacionaram na porta da delegacia. Saltaram deles quatro pessoas e de longe podia se observar que tinham poder e muito dinheiro, pois a pose daquelas criaturas não deixava dúvidas.

Dois homens e uma bela mulher bem vestida entraram na delegacia, acompanhados de um terceiro homem, que carregava uma pasta debaixo do braço. A mulher olhava ansiosa para os lados à procura de algo e assim que avistou o preso, correu e refugiou-se em seus braços.

– Graças a Deus que o encontrei novamente – disse Alessandra, apertando o ex-marido enquanto chorava.

Encostado displicentemente num canto da delegacia, Sandro, muito inteligente, analisava aquela situação, que considerava esdrúxula. "A vida é engraçada. Se fosse um pobre coitado, duvido que a polícia deixasse de cumprir com sua obrigação, mas como sou filho de uma família conhecida no mundo das finanças, ninguém enxerga mais o meu erro. Como vou aceitar esse sistema podre, meu Deus? Perdoe-me, mas tudo está errado no Seu mundo e não nasci para viver nele!"

Um dos homens olhou para Sandro, se aproximou e perguntou-lhe, demonstrando nos gestos algo parecido com carinho:

– Como vai, meu filho?

– Tudo bem, não está vendo? – respondeu o rapaz ironicamente.

O pai se aproximou mais um pouco, porém o rapaz alertou:

– Por favor, não dê mais um passo.

O homem parou, baixou a cabeça e anuiu:

– Tudo bem, filho. Se você não quer abraçar seu pai, acho que tem todo direito.

– Não é isso. O problema é que sou filho do mundo e nem sei mais se Deus me aceita como Sua criação.

O outro homem aproximou-se do rapaz e perguntou-lhe, com um sorriso:

– Como vai, Sandro?

– Vou bem, Flávio. E você?

– Posso lhe dar um abraço, meu cunhado? – perguntou Flávio, aproximando-se mais um pouco.

– Pode sim.

O prisioneiro ergueu-se e aceitou o abraço do cunhado, em seguida perguntou:

– Como estão Cristina Maria e mamãe?

– Estão bem.

Os dois cunhados continuaram conversando, enquanto se afastavam para um lugar mais discreto da delegacia.

O outro homem, que era advogado da família Feitosa, dirigiu-se com ar superior ao delegado:

– Doutor, já deu para perceber quem você prendeu, não é mesmo?

– Doutor, eu conheço minhas obrigações, portanto não me ameace – respondeu o delegado com ar de enfado.

– Sabia que o senhor prendeu o homem mais conhecido desta cidade, filho do Dr. Feitosa?

– Por favor, diga logo o que quer. Se for para soltá-lo, podem levá-lo agora mesmo. Mando rasgar a ocorrência e tudo volta ao normal. Ninguém vai saber por que o doutor foi preso. Mais alguma coisa?

– Não. Ainda bem que nos entendemos.

Enquanto isso, Alessandra chorava e Feitosa permanecia cabisbaixo, com as mãos nos bolsos, olhando para o nada através de uma janela. O filho conversava com Flávio num canto, os policiais cochichavam entre si, enquanto delegado e o advogado da família Feitosa trocavam amabilidades.

O megaempresário olhou de soslaio para o seu advogado e perguntou rispidamente:

– Orlando, tudo resolvido?

– Tudo, senhor. Já podemos levar seu filho.

O filho de Feitosa ouviu e aproximou-se do pai, intervindo calmamente:

– Meu pai, quero que saiba que eu não guardo o menor rancor do senhor. Todavia, se só posso sair daqui sob a guarda de vocês, deixe-me ser acompanhado por meu cunhado Flávio.

– Tudo bem, filho.

Sandro entrou no carro de Flávio e todos foram embora, deixando os policiais entregues aos seus próprios pensamentos.

Ao chegarem à residência da família, Sandro saiu do carro e perguntou ao cunhado:

– Posso lhe pedir uma coisa?

– Pode sim.

– Leve-me para qualquer lugar desta cidade e deixe-me por aí.

Feitosa ouviu e rebateu duramente o pedido do filho:

– De maneira alguma! Você não sairá mais desta casa até que fique bom! Nem que eu tenha de prendê-lo! Ouviu, filho?

– Ouvi, meu pai.

– E então, o que você decide?

– Que não vou ficar. E se ficar, fugirei na primeira oportunidade que tiver e isso vai ser muito pior para vocês, principalmente para minha mãe. Por favor, esqueçam que sou filho de vocês. Eu já disse que não guardo ressentimento de ninguém, mas prefiro viver do jeito que escolhi.

Com muito cuidado para não aumentar a tensão, Flávio interferiu na conversa e pediu ao sogro:

– Seu Feitosa, deixe-o comigo. Não adianta tomar uma medida radical, pois pode ser pior.

– Tudo bem. Mas Sandro está sob sua responsabilidade, ouviu bem? – disse o sogro, aceitando o pedido do genro.

Flávio assentiu com a cabeça. Em seguida segurou o braço do rapaz e o levou para o carro. Rodaram pela cidade, até que Flávio parou num hotel de luxo e perguntou:

– Posso hospedá-lo neste hotel?

– Não, Flávio. Leve-me para a pensão onde moro, por favor.

– Qual o endereço?

Ele deu o endereço da pensão para Flávio e se dirigiram para lá.

SANDRO VOLTA AO HOTEL

10º CAPÍTULO

Quando chegaram à pensão, foram recebidos pelo porteiro, que abraçou Sandro e demonstrou muita alegria ao revê-lo.

– Meu patrão, como senti saudades do senhor – disse o porteiro, demonstrando uma alegria verdadeira.

– Como vai, meu amigo?

Flávio percebeu que Sandro continuava sendo querido, mesmo vivendo aquela vida marginal. Ele levou o cunhado até o quarto. Achou o lugar muito decadente, porém resolveu não fazer nenhum comentário desagradável para não perder a confiança do rapaz.

Ao adentrar o quarto, Sandro sentou-se na cama e agradeceu ao cunhado.

– Meu amigo, se você quiser, pode ir embora.

– Posso lhe visitar?

– Pode sim, fique à vontade.

Flávio abraçou aquele que fora um dia o todo poderoso das empresas da família e se despediu com uma enorme dor no coração, pois a situação daquela pessoa que ele conhecia tão bem era precária. Embora tentasse entender os motivos do cunhado, não compreendia por que ele vivia daquele modo.

Sozinho, Sandro se deitou e ficou olhando para o teto, pensando: "Como é engraçado isso tudo. Não acredito que precisei ser preso para poder rever minha família. Não queria dar tanto trabalho, Senhor!" Ele olhou para uma mesa e viu um pacote de cédulas, que o cunhado deixara. Conferiu a quantia e colocou-a no bolso para comprar droga, pois seu organismo já estava sentindo falta dos entorpecentes. Naquela noite usou tanta droga que por duas vezes quase morreu. Só não aconteceu porque, com certeza, aquele não era o seu momento de deixar este mundo. Pagou todo tipo de droga para os amigos e teve uma crise de choro, sendo amparado e socorrido por aqueles que se beneficiavam do dinheiro dele.

No dia seguinte, quando acordou, mais ou menos ao meio-dia, saiu e deu dinheiro ao porteiro e esmolas a todos os pedintes, sempre recebendo uma palavra de agradecimento. Passou por uma senhora sentada ao lado de uma menina, com a perna ferida, tirou o resto do dinheiro que tinha no bolso e lhes deu, recebendo em troca a seguinte frase de agradecimento:

– Meu filho, que Deus o abençoe, pois durante toda a minha vida, seja aqui ou do outro lado, sempre pedirei ao Dr. Bezerra de Menezes por você.

Sandro ouviu aquele nome e sorriu: "Esta senhora deve ser espírita. É o Flávio quem vive falando nesse tal de Bezerra de Menezes. Ele deve ser muito bom e talvez já não more neste mundo, e sim no dos espíritos, como diz o meu cunhado", pensou.

Sandro voltou para o hotel por volta das quinze horas. Ele precisava descansar, pois se sentia muito fraco em virtude da quantidade de drogas que havia usado na noite passada. Ao entrar no quarto, levou um susto quando viu a irmã Cristina Maria sentada em sua cama. Ela o cumprimentou friamente.

– Sandrinho, não tenho muito tempo para perder com você. Por isso, vou logo ao que interessa.

Elucidamos ao amigo leitor que após haver deixado Sandro no hotel, Flávio voltou para casa e recebeu um aviso que o convocava para reunião de urgência na residência de Feitosa.

No horário previsto, ele se reuniu com Feitosa, Maria Antônia, Cristina Maria, Marcos e Alessandra.

O patriarca da família sentou-se à cabeceira da mesa, como de costume, olhou para todos e conferiu se os convocados estavam presentes. Depois de cumprimentar e agradecer a presença deles permaneceu uns segundos em silêncio e então resolveu falar:

– Estamos reunidos aqui, para conversarmos sobre o que aconteceu recentemente com Sandro Luís. Acho que é desnecessário comentarmos a vida que ele leva, pois todos já temos conhecimento da situação em que se encontra.

Feitosa fez uma pausa e encarou todos, como se estivesse buscando uma resposta para as suas perguntas. Depois continuou:

– Convoquei esta reunião para buscarmos uma solução para o problema. Agora a palavra está franqueada.

Cristina Maria fez um ar de enfado e, cabisbaixa, como se rabiscasse algo em um papel, comentou indiferente:

– Não tenho nada a dizer. Se ele está passando por isso é por opção própria, além do mais, não estamos mais tratando com uma criança. Sandro é um homem casado, que tem dois filhos. Em minha opinião, devemos deixá-lo viver como quiser desde que isso não interfira nos nossos negócios e para isso devemos mantê-lo longe das empresas, visto que a sua imagem pode ser prejudicial aos nossos planos econômicos.

Cristina Maria olhou para o pai, dando por encerrada a sua participação.

Alessandra, pálida e com as mãos trêmulas, encarou a cunhada com ar desafiador e disse-lhe:

– Tenho pena de você, minha cunhada. Uma pessoa sensível não falaria assim, principalmente do próprio irmão.

Maria Antônia pediu licença e com a voz educada e baixa, também redarguiu:

– Fico triste ao ouvir palavras tão duras a respeito de seu irmão, Cristina. Seu pai convocou esta reunião para encontrarmos uma solução para a situação de uma pessoa doente. Ore muito, minha filha, para não pagar pelas palavras duras e desprezíveis que você proferiu contra seu próprio irmão.

Com a voz embargada, Marcos, que estava de cabeça baixa, também fez seu comentário:

– Confesso que sentia inveja, despeito e ambição por tudo que pertencia ao Sandro, porém, hoje peço a Deus todos os dias que me perdoe porque desde que o vi naquele estado, nunca mais fui o mesmo, principalmente quando pensava em ficar com a mulher dele, como forma de vencê-lo.

Fez uma pequena pausa e prosseguiu falando:

– No entanto, coitado de mim, jamais serei um Sandro Luís nesta vida, pois não tenho a competência e a bondade daquele coração. A decisão que ele tomou exigiu muita coragem e por mais que digam que é um covarde, sempre vou enxergá-lo como um vencedor, como alguém ousado o suficiente para se desligar deste sistema sujo em que vivemos, embora não concorde com o caminho destruidor que escolheu. Quanto a minha opinião, temos que fazer o possível e o impossível para recuperá-lo e trazê-lo de volta.

Flávio, que até então continuava calado, fez um gesto para o sogro, pedindo licença para falar:

– Sou espírita e a cada dia que passa fico mais satisfeito e agradecido a Deus por ter escolhido essa religião que hoje direciona a minha vida, porque somente assim poderemos compreender o homem. Meus amigos, o que Jesus nos ensinou durante o Seu apostolado na Terra foi *amar ao próximo como a si mesmo*; então, como amaremos a Deus, se não temos condições de amar o nosso semelhante? No dia em que nos amarmos como Cristo nos ensinou, não haverá mais o mal destruindo pessoas como o meu cunhado. Neste dia, estaremos prontos para entender nossos irmãos como verdadeiros filhos de Deus. Devemos esquecer as conveniências de uma sociedade alienada a vários interesses e salvar o nosso querido Sandro Luís da destruição total.

Flávio chorava quando terminou, deixando todos também com lágrimas nos olhos, menos Cristina Maria, que voltou a falar:

– Fui educada e instruída para assumir os negócios da família e até a presente data, ninguém pode me chamar de irresponsável e fraca. Nunca abandonei minhas obrigações para andar por aí feito uma doidivanas, colocando em risco uma empresa responsável pelo emprego de vários pais de família. Posso ser tudo que vocês quiserem, mas jamais verão a Cristina Maria drogada, pois isso é coisa de gente covarde e fraca. Para acreditar em Deus, primeiro, tem de se acreditar em si mesmo, deixar de ser piegas. A fé cega, por sua vez, transforma-se em fanatismo e o fanatismo é uma doença que conduz à morte.

Todos ficaram em silêncio, porque naquele momento ninguém tinha argumentos suficientes para derrubar as observações de Cristina Maria.

Feitosa finalmente falou:

– Meus filhos, já ouvi o bastante para concluir que todos vocês estão certos. No entanto, esqueceram-se de uma coisa.

Todos se entreolharam, como se perguntassem: O quê?

– Vocês esqueceram o principal – o patriarca voltou a falar.

O pessoal continuou calado, esperando a revelação de Feitosa.

O patriarca ergueu-se e começou a caminhar em círculo, rodeando a mesa e incomodando a todos, como se pairasse uma nuvem negra sobre suas cabeças. Então ele parou e falou:

– O capital da empresa está dividido em cotas entre vocês, que são acionistas. E quando me refiro a vocês, também incluo Sandro Luís. Entenderam ou não, senhores?

Cristina Maria, a mais ambiciosa, ficou pálida de raiva, levantou-se e perguntou desafiadora:

– O que quer dizer com isso? O senhor está nos ameaçando?

Feitosa voltou a sentar-se e durante alguns minutos ficou em silêncio, como se estivesse escolhendo as palavras adequadas para continuar falando:

– Não, Cristina Maria. O que digo é apenas a realidade. Lembre-se de que você depende de uma fortuna que está sob minha responsabilidade e como presidente das nossas organizações, posso dispor, através de métodos limpos e legais, e afastar qualquer um de vocês. Você entendeu bem, minha filha? Agora, finalizando esta reunião, lembre-se que trabalhei todos esses anos para vocês e não para você, em particular.

Feitosa levantou-se, pegou a mão de Maria Antônia e ambos se retiraram da reunião, sem se despedirem, deixando no ar uma ameaça velada.

Após a saída do casal, todos deixaram o ambiente, com exceção de Cristina Maria, que continuava sentada, pensando: "Todos estão contra mim. Mas tudo bem. Vou mostrar quem manda nesta organização, principalmente para esse caduco, que depois de velho quer virar santo. Quanto ao Flávio, vou mostrar o que o Espiritismo dele é capaz de fazer". Levantou-se, foi até o seu carro e saiu, tomando o rumo da pensão onde o irmão se encontrava hospedado, de acordo com a informação do marido.

Chegando ao local indicado, informou-se com o porteiro se o irmão estava:

– Dona, o doutor Sandro saiu e só chegará de manhã.

Cristina apertou os lábios e voltou para casa pensando: "É melhor assim. Vou ter mais tempo para pensar".

No dia seguinte foi novamente ao hotel, deu uma gorjeta ao porteiro e perguntou pelo irmão:

– Hoje, ele acordou cedo e saiu, mas se conheço o Dr. Sandro, deve voltar por volta das quinze horas para descansar e retornar aos seus compromissos, à noite.

Cristina Maria deu um sorriso irônico ao ouvir aquela referência aos supostos negócios do irmão. Olhou para o relógio, que marcava quase quatorze horas, e foi conduzida pelo porteiro até o quarto do Sandrinho. Ficando a sós no cômodo, começou a analisar o estado miserável em que o irmão vivia, chegando até a sentir pena daquele que outrora comandava a empresa. Em seguida, sentou-se na cama e resolveu esperá-lo. Estava distraída, quando finalmente viu a porta se abrir e o irmão entrar e encará-la surpreso.

Por sua vez, sem muito preâmbulo, Cristina disse:

– Estou aqui para tratar de um assunto sério e você vai me ouvir.

– E por que eu teria essa obrigação?

– Porque o assunto envolve dinheiro.

Sandro ficou em guarda, pois conhecia bem o estrago que o dinheiro poderia causar nas pessoas desavisadas do seu malefício. Então voltou a falar:

– Continue, Cristina Maria.

– Quero comprar a sua parte na empresa. Pode dar o seu preço e você terá o dinheiro agora mesmo.

Sandro olhou para a irmã, andou pelo quarto e respondeu:

– Nem que você me oferecesse todo o dinheiro do mundo, jamais venderia a minha parte na empresa. Não tenho mais nada a ver com vocês, mas se eu tenho direito a algum dinheiro daquela empresa, este ficará para os meus filhos. Neste exato momento estou precisando de grana para sustentar o meu vício, todavia, não serei um monstro ao tirar aquilo que é dos meus filhos por direito. Além do mais, você seria a última pessoa neste mundo com quem eu faria qualquer negócio, seja lícito ou ilícito.

Assim que terminou de falar, sem esperar resposta, Sandro abriu a porta do quarto fazendo um gesto com a mão direita.

– E agora, querida irmã, por favor, retire-se do meu quarto – convidou ele, com o olhar enérgico. – Obrigado pela visita.

Cristina Maria fuzilou aquele trapo humano com o olhar, pois não admitia ser humilhada por alguém que, mesmo vivendo em um submundo, mexeu profundamente com o seu brio. Levantou-se, caminhou até a porta, olhou mais uma vez para o irmão e pensou: "Vou terminar de acabar com você, traste imundo!" Depois foi embora.

Sandro deitou-se na cama e pensou: "Coitada! Está mil vezes pior do que eu, que sou dominado pelas drogas. Minha irmã está alienada pelo ouro, que um dia acabará com ela, assim como as drogas acabarão comigo em breve. Que pena."

Cristina Maria saiu do hotel com muita raiva por ter sido humilhada pelo irmão que tanto desprezava. Além disso, não se conformava por seu pai tê-los ameaçado por causa daquele filho, que por fraqueza, havia caído no domínio das drogas. Ela dirigia com uma velocidade acima do normal, sempre de dentes cerrados, desejando a morte para aquela pessoa que estava atrapalhando todos os seus planos. Enquanto dirigia, pensava: "Assim que chegar em casa conversarei com o Flávio. Ele também é um tolo, envolvido com loucos que acreditam em coisas além da imaginação".

O ESPIRITISMO

11º CAPÍTULO

Cristina Maria chegou à residência e foi direto para a suíte do casal. Encontrou o marido sentado em sua cadeira predileta, lendo atentamente alguns documentos.

– Você está do lado de quem? – perguntou ao marido, com ar desafiador, sem cumprimentá-lo. – Defina-se, por favor!

A mulher respirou inquieta, tentando se acalmar e antes de esperar sua pergunta ser respondida, fez outra indagação:

– Por que você ajudou o Sandro, inclusive, hospedando-o em um hotel e o defendeu na reunião, em vez de ter ficado do meu lado?

– Você quer mesmo que eu responda às suas perguntas? – questionou o marido, erguendo os olhos dos documentos e encarando-a.

Cristina Maria estava em pé, junto à cadeira do marido, com as mãos crispadas, como se estivesse se controlando para não descarregar sua raiva agredindo-o fisicamente.

– Estou do lado de minha consciência. Não posso aceitar as injustiças que vocês cometem com esse rapaz, que está doente. Aliás, expressei-me mal, pois é você quem está sendo injusta com o Sandrinho, exatamente no momento em que ele mais precisa de auxílio. Será que ainda não percebeu que se não o ajudarmos imediatamente, vamos perdê-lo para sempre? Cristina, ele pode morrer a qualquer momento!

– Não tenho nada a ver com isso. Minha filosofia de vida é viver e deixar os outros viverem. Portanto, se o meu irmão escolheu essa maneira de conduzir sua existência, o problema é dele e de mais ninguém – disse a mulher quase à beira de um colapso nervoso.

– Não posso concordar com sua maneira de encarar a vida, quando se trata de deixar nossos irmãos entregues à própria sorte. E não falo só dos irmãos consanguíneos e sim de todas as criaturas de Deus, porque o Seu filho predileto, Jesus, nos ensinou a amar uns aos outros.

– Flávio, sua filosofia é muito bonita, porém a realidade é outra. Acorde e coloque os pés no chão! Se não fizer isso, logo será você quem estará na situação dele.

– Tento seguir os ensinamentos do Cristo e mesmo estando longe de fazer tudo que o Mestre nos ensinou, esse é o meu caminho.

– Há quantos anos estamos casados? – perguntou a esposa, fitando o piso do luxuoso aposento do casal.

– Você sabe a resposta.

– Não percebeu que aos poucos nosso casamento está acabando?

– Minha querida, devemos nos sentar e conversar a respeito desse problema com calma.

– Quero conversar agora!

– Então, diga-me o que você quer – pediu Flávio.

– A separação. Não temos nada que nos prenda, nem um filho você foi capaz de me dar. O que ainda estamos fazendo juntos?

Flávio ergueu-se e começou a andar pelo quarto, sentindo uma dor muito forte no coração ao perceber que intencionalmente fora atingido pela esposa, pois ela sabia que um dos problemas entre eles era a ausência de filhos. Ele se voltou para a mulher e disse-lhe:

– Vou sair, tomar um pouco de ar por aí. Quando eu voltar, trataremos desse assunto como pessoas adultas, sem precisarmos nos ofender.

Flávio se trocou, entrou no carro e saiu, tomando a direção do hotel de Sandro. Chegando ao destino, perguntou ao porteiro:

– Moço, o senhor sabe me informar se o Sandro Luís está no quarto?

– Acho que sim. Até agora não o vi sair.

Flávio entrou e bateu na porta do quarto do cunhado.

Sandro veio abrir a porta, cumprimentou-o e pediu:

– Por favor, Flávio, entre.

O visitante analisou o cunhado e notou que a situação dele piorava consideravelmente a cada dia que passava. Viu a roupa suja e rasgada que vestia repleta de manchas de sangue, sangue este que talvez escorresse de seu nariz quando ele cheirava muita cocaína. Ele foi ao encontro do cunhado e o abraçou fortemente, enquanto dizia com a voz embargada pela emoção:

– Meu amigo, por que você quer mudar o mundo, se não procurou reunir condições para isso? Não mudaremos os rumos da vida se não estivermos preparados para isso. Você se preparou muito antes de reencarnar, mas não conseguiu vencer as próprias tendências negativas, que estão gravadas em seu corpo perispiritual há centenas de anos. Antes de vencermos qualquer batalha, temos de vencer primeiro os inimigos mais terríveis que estão dentro de nós: os defeitos inerentes à humanidade que habita este mundo.

Sandro ouvia e captava uma enorme sensação de bem-estar. Intrigado, ele pensava: "Por que Flávio me trata desta maneira e está me dando esses conselhos esquisitos?".

Após haver se pronunciado, Flávio sentou-se e ficou em silêncio por um tempo. Depois perguntou:

– Você acredita em espíritos?

– Mais ou menos.

– Por que mais ou menos?

– Quando estou alucinado, vejo pessoas esquisitas dialogando comigo. Uma vez conversei com um amigo que havia morrido há vários dias e o pior é que ele compartilhava das minhas drogas – revelou ao cunhado. – Outros que já se foram me incentivam para que eu me drogue cada vez mais, mas acho isso tudo uma loucura. Nesse estado a gente vê coisas que até evito falar, porque alguém pode pensar que estou maluco.

Flávio permaneceu quieto, somente ouvindo-o e pensando: "Sandro é um médium em potencial, entretanto, como ele não se cuidou e enveredou por caminhos errados, não pôde aguentar a pressão do mundo invisível. O que destrói a humanidade é a falta de fé em Deus, principalmente quando pensamos que somos tudo, porém, na realidade, a grande bússola que nos orienta é a Inteligência Suprema."

– Continue, Sandro. Quero ouvir sobre suas experiências, quando você está em estado de alucinação.

– Outro dia, cheguei em casa de manhã muito chapado. De repente, olhei para a minha cama e vi deitada uma moça que há muito tempo morrera de overdose. Fiquei com muito medo, então passei as mãos nos olhos e sentei na cadeira, sem ter coragem de deitar na cama.

Ele fez uma pequena pausa, tentando respirar fundo e manter-se calmo.

– Posso lhe contar uma coisa? – perguntou ele. – Prometa que não vai me chamar de maluco.

– Prometo – disse o cunhado. – Vou entendê-lo.

– Quando Cristina Maria veio falar comigo, vi duas pessoas ao lado dela que a insuflavam contra mim. Prestei atenção naquelas pessoas e fiquei surpreso ao notar que uma delas se parecia com um dos irmãos do meu pai. Como os irmãos do meu pai já morreram, só posso estar ficando maluco.

– Você chegou a ver alguém enquanto ainda estava em casa? – perguntou Flávio interessado naquelas revelações.

– Às vezes via gente diferente lá em casa, principalmente no horário das refeições. Foi quando acreditei que estava precisando de terapia e decidi fazer aquele tratamento psicológico.

O rapaz passou a mão no rosto, como se não quisesse ver algo desagradável e comentou:

– Certo dia na empresa, estava sentado na minha cadeira quando vi entrar um senhor muito parecido com meu pai apontando o dedo para o meu nariz dizendo: "Seu moleque, você jamais assumirá o meu lugar! Seu pai ainda vai me pagar muito caro pelo que me fez!". Então, me deu um medo estranho e achei que estava ficando doido.

Flávio sentou-se na cama. Aproximou-se mais do rapaz e pediu-lhe:

– Por favor, continue.

– Outra vez eu estava deitado no meu quarto e me vi vestido com uma roupa diferente, tocando violão num bairro desta cidade. Eu tocava e cantava e era aplaudido por muita gente. Todos me chamavam por um nome muito conhecido do nosso samba do passado. Fiquei com medo, levantei-me e fui para a rua. Lembra-se de que eu tinha facilidade para tocar violão e estava sempre escrevendo músicas na empresa, mesmo que depois as jogasse fora?

– Lembro.

Sandro respirou profundamente, depois fitou o cunhado e comentou:

– Quando aconteciam essas coisas comigo, crescia a vontade de largar tudo e sair por aí cantando, mas até isso me foi tirado, porque depois que saí de casa, comecei a me drogar e a empregar todo o meu tempo no consumo de bebidas e entorpecentes.

Flávio sentiu que o cunhado estava cansado e então lhe perguntou:

– Sandro, se eu o convidasse para ir ao centro espírita comigo, você iria?

– Fazer o que num centro espírita?

– Visitar e conhecer o Espiritismo.

– Flávio, tudo na minha vida já passou, inclusive o tempo de conhecer o Espiritismo.

– Ainda se pode fazer alguma coisa para a sua recuperação.

– Engano seu, meu cunhado. Eu não tenho mais jeito. Sei que já estou me preparando para fazer a grande viagem.

– Meu amigo, o que disse não foi imaginação. Tudo que

me narrou aconteceu, ou seja, foi verdade. A Doutrina Espírita nos informa que todos somos médiuns, mas o que realmente caracteriza a mediunidade de uma forma marcante, é quando uma pessoa ouve, vê ou sente de alguma maneira a presença dos espíritos. Partindo desse princípio, você é um médium porque tem uma faculdade inerente às pessoas sensíveis, àqueles que servem de intermediários entre o mundo visível e o invisível, isto é, médiuns ou sensitivos.

Sandro ouvia o cunhado atentamente, quando de repente suas mãos começaram a tremer e ele sentiu uma desconfortável falta de ar. Andou pelo quarto, tentando melhorar, porém não conseguiu. Perguntou ao cunhado:

– Flávio, você tem algum dinheiro para me emprestar?

O cunhado já sabia o que estava acontecendo, mas mesmo assim meteu a mão no bolso e lhe deu algumas cédulas.

– Desculpe-me, mas preciso sair agora. Depois a gente se vê – disse Sandro, saindo do quarto quase correndo.

– Tudo bem, Sandrinho. Mas eu gostaria de continuar vindo aqui, se não for incomodá-lo.

– Venha quando quiser. Sempre estarei à sua disposição.

Sandro mal terminou de pronunciar essas palavras e já saiu ansioso em busca de mais drogas.

Flávio permaneceu no quarto pensando em tudo que ouvira: "Meu Deus, quanta gente é devorada por causa da ignorância! Temos um cabedal muito grande de informações, mas nos falta a principal, que é a relação do nosso mundo com o mundo descrito pelas religiões. Sempre falamos em Deus, mas na realidade não acreditamos Nele, porque nos faltam informações suficientes que nos coloquem frente a frente com a realidade da existência Dele e da imortalidade do espírito.

Quantas pessoas morrem sob o efeito das drogas e tantas outras perambulam pelos manicômios, penitenciárias, sarjetas e levam uma vida sub-humana, porque vivem atormentadas pelos algozes de vidas passadas. A ciência ainda não conseguiu explicar essas disfunções orgânicas que atingem determinadas pessoas, mas Allan Kardec, o codificador da Doutrina Espírita, denomina esse fenômeno de mediunidade. Talvez se o Sandro tivesse sido esclarecido logo no início sobre sua mediunidade, muita coisa teria sido evitada, pois só vemos o lado visível, que satisfaz os nossos sentidos físicos."

Flávio chegou em sua casa e foi direto para o quarto. Encontrou a esposa ainda acordada, deitada no sofá, beijou-lhe o rosto e se preparou para dormir.

– Quero continuar aquela conversa – disse a esposa com mais calma.

– Deixemos isso para amanhã. Estou com sono. Deixe-me dormir, por favor.

Cristina Maria permaneceu sentada no sofá até que ouviu o esposo ressonando. "Eu amo esse homem, entretanto não sei o que acontece comigo. Parece que algo me domina e fico sem forças para reagir. Sei que meu temperamento é difícil, sou egoísta e ambiciosa, mas será que sou tão má assim?". Com esses pensamentos, adormeceu ali mesmo.

Ao acordar, Flávio ergueu-se da cama e observou que a esposa adormecera no sofá. Com muito cuidado, colocou-a na cama. Depois foi fazer a sua toalete, pensando nos últimos acontecimentos. Desceu para tomar o café e viu Maria Antônia e Feitosa olhando para ele como se quisessem lhe fazer alguma pergunta.

Ele cumprimentou a todos, tomou um gole de café puro e depois disse:

– Não quero comer nada. Vou direto para o escritório.

Feitosa olhou para a esposa e perguntou ao genro:

– Flávio, você se incomodaria em passar alguns minutos conosco?

– Não. O que vocês desejam de mim?

– Você sabe que lhe queremos muito bem, tanto quanto a um filho.

– Sei disso, meu sogro.

– Então, não se zangue conosco, principalmente quando lhe fizermos algumas perguntas.

O genro ficou em guarda, pois os sogros poderiam querer colocá-lo em má situação.

– Qual é a pergunta?

– Temos certeza de que você, como espírita e muito amigo de Sandro, deve saber muita coisa que não sabemos.

– Meu filho, não nos esconda nada do que sabe, tenha pena destes pais sofredores – suplicou Maria Antônia. – Você não pode imaginar a dor que me aflige ao ver meu querido filho nesta situação precária, principalmente prevendo que o seu fim está próximo.

Flávio ficou calado por alguns instantes, pensando se deveria contar o que sabia ou se, com este gesto, estaria traindo a confiança do amigo. Levantou-se e foi até a janela, pensou muito e depois voltou, sentando-se ao lado deles.

– Meus queridos sogros, peço que não fiquem ressentidos comigo, por causa do quê vocês vão ouvir agora.

Flávio contou toda a conversa que tivera com Sandro, principalmente no do dia anterior.

Feitosa e Maria Antônia entreolharam-se e ficaram atônitos com o relato do genro.

A sogra caiu em prantos, enquanto Feitosa andava inquieto de um lado para o outro, como se estivesse sufocado com algo. Aproximou-se de Flávio e perguntou em seu ouvido:

– Você acredita nisso?

– Claro. Já vi coisas incríveis relacionadas a este mundo e ao mundo dos espíritos.

– Meu filho, você acha que Sandrinho vive nessa situação por nossa causa? – perguntou a sogra com voz trêmula.

– Em parte, sim. Afinal, vocês não o educaram para as coisas de Deus.

– Como assim? – perguntou Feitosa espantado com a afirmativa do genro.

– Esqueceram de ensiná-lo que existe Deus, o Criador do Universo, e que sem Ele não existiríamos.

– Mas sempre o ensinamos! Até o levávamos à missa aos domingos – rebateu Maria Antônia, como se estivesse ofendida.

Feitosa continuava inquieto. Tomava café, como se algo ruim estivesse acontecendo em seu íntimo.

– Você pode se atrasar um pouco para o trabalho? – perguntou ele.

– Sogro, o senhor é o patrão.

RELATO DE FEITOSA

12º CAPÍTULO

Ambos foram para o escritório, onde se sentaram para conversar. Depois de um breve período em silêncio, Feitosa se ergueu inquieto, como sempre, e começou a falar:

– Flávio, a pessoa que Sandro viu na empresa foi o meu irmão. Ele suicidou-se e pôs a culpa dessa atitude em mim, dizendo que havia perdido tudo e que eu fui o responsável pela sua ruína.

– Já ouvi essa história, mas não sei muito sobre o ocorrido, porque o seu irmão já havia morrido quando me casei com sua filha.

Feitosa andou pelo escritório pensando em algo que somente ele sabia e depois de alguns minutos resolveu narrar aquela estranha história, na íntegra, ao genro:

– Éramos três irmãos. João Bosco e Mário tinham participação na pequena empresa que meus pais deixaram. Lutei bravamente para saldar as dívidas e logo depois começamos a crescer. Mário morreu de acidente de carro e a empresa foi dividida entre Bosco e eu. Depois que me casei, Maria Antônia passou a ter a sua pequena cota. Com o tempo, ela foi comprando as cotas de João Bosco, porque a vida que ele levava era acima de suas possibilidades financeiras, além de ser viciado em jogos de cartas. Antes que perdesse tudo, comprei a parte dele e o deixei na empresa como um empregado comum, mas nada lhe faltava. Quando bebia, dizia para todos que eu havia roubado a empresa dele, o que não era verdade.

Feitosa sentou-se e ficou com o olhar perdido, pensando num passado distante. Em seguida, prosseguiu:

– Certo dia, fui comunicado de que João Bosco havia se suicidado em seu apartamento com um tiro no coração. Desde então, fiquei com remorso por não haver compreendido melhor o meu irmão, embora estivesse com a consciência tranquila por não ter feito nada para levá-lo àquele ato extremo.

O homem respirou profundamente, pensou e continuou a narração:

– Aquela sala que o Sandro ocupou quando chegou dos Estados Unidos pertenceu ao João Bosco. Quero que entenda que só estou revelando esses pormenores para confirmar a visão do meu filho sobre o meu irmão. Ele está certo sobre o que disse – confirmou o patriarca da família – Agora, Flávio, o que você acha de tudo isso?

Flávio refletiu por alguns minutos, cruzou os braços e com muito cuidado respondeu:

– O seu filho é vítima de uma obsessão muito grave e se de fato foi músico e compositor na vida passada, isso gerou em seu íntimo um conflito muito grande. Você não imagina a situação psicológica de quem está sob um processo obsessivo, principalmente quando essa pessoa é médium. Sandro é sensitivo, ou seja, é possuidor de uma faculdade que o torna intermediário entre os dois mundos, o visível e o invisível.

– E o que podemos fazer para ajudá-lo?

– Ele é viciado. Sua maior dependência está ligada ao *crack*, que tem um enorme poder destrutivo. Seu corpo está sendo destruído por várias drogas absorvidas pelo organismo. O sistema nervoso central e o cardiovascular, neurônios, estômago, nariz, gengivas e todas as partes sensíveis onde a droga é diretamente depositada, para a obtenção de um efeito imediato, estão rapidamente se deteriorando.

Flávio fez uma pausa, pensando em como explicaria tudo aquilo para o sogro.

– Sandro perdeu toda a autoestima, o que é um fator agravante. A partir do momento em que não nos preocupamos com nosso bem-estar seguiremos uma linha muito perigosa para o descontrole total. O ambiente que ele frequenta não ajuda o seu estado espiritual, pois os vários espíritos que desencarnaram em consequência do consumo de drogas permanecem no mesmo lugar que iam quando encarnados, usando as mesmas substâncias de antes. Enfim, meu cunhado está no fundo do poço, como se diz por aí.

Flávio teve vontade de chorar, mas se recompôs e prosseguiu:

– Quando o dependente químico sente sob seus pés a terra do fundo do poço, ele olha para cima e tem vontade de subir, mas dificilmente consegue, porque a maldita droga já dominou todo o organismo do indivíduo.

– Quer dizer que não há mais jeito para ele?

– Não estou dizendo isso, até porque o impossível não existe, mas reconheço que o estado dele é extremamente crítico – respondeu o genro pensativo. – Portanto, conforme meus estudos sobre a Doutrina Espírita, Sandro, além de ter seus defeitos, é uma ponte estendida aos espíritos sofredores e maléficos, ligados às drogas e talvez aos bandidos do além, tornando-o um obsedado em potencial.

Feitosa foi até a janela e começou a chorar, sentindo-se

culpado por estar perdendo o filho querido. Ele se lembrou de quando levava o garoto ao parque da cidade e se divertiam. Nas visitas do menino ao escritório, ele lhe dizia: "Meu filho, um dia tudo isso ficará sob a sua direção, e por isso você precisa estudar nos melhores colégios e faculdades do mundo". "E agora o meu filho caçula perambula pelas ruas da cidade como um cão sem dono, tudo por culpa minha, que não o eduquei o suficiente para enfrentar o lado negativo do mundo, além disso, não fui capaz de compreendê-lo", confessava para si mesmo.

Ele deixou a janela, enxugando os olhos com um lenço, e sentou-se novamente. Já mais calmo, encarou o genro e perguntou:

– Um tratamento espiritual poderá trazer meu filho de volta?

– Tudo depende de Deus. Quanto ao tratamento espiritual, convidei-o para ir ao centro e ele não aceitou.

– Então continue tentando. Prometo recompensá-lo por tudo.

– Minha maior recompensa seria ver o Sandro livre do domínio desse mal, que está levando milhares de pessoas à morte, principalmente os jovens.

Ambos levantaram-se e se despediram.

– Não saia de perto do meu filho, por favor!

– Não se preocupe. Farei tudo que estiver ao meu alcance para salvar meu cunhado.

Enquanto essa conversa acontecia, Sandro encontrava-se deitado em seu quarto, sem conseguir dormir. Meteu as mãos nos bolsos e não encontrou dinheiro, entrando em pânico. Resolveu sair pelas ruas e se lembrou do barraco de Ronaldo.

Dirigiu-se imediatamente para lá.

Chegando lá não encontrou ninguém. "Ele deve ter ido vender droga", deduziu. Cavou o chão onde o companheiro guardava a lata com os entorpecentes e, para sua surpresa, encontrou-a cheia de drogas. Pegou uma pedra e a fumou ali mesmo. Depois queimou mais uma. O efeito alucinógeno dessa droga passa muito rápido e leva o viciado a consumir tudo o que tem de uma só vez. Após fumar umas três pedras, sentiu que o corpo tremia independente da vontade dele. Desesperado, ele pensou: "Meu Deus, eu vou morrer! Fui longe demais dessa vez! E agora, o que faço?" Ergueu-se e começou a andar, sempre se movimentando em busca de ar, até que gradativamente foi melhorando.

Colocara em prática tudo que aprendeu com os viciados para evitar uma overdose. Refeito do susto, encostou na parede de madeira do barraco e ficou quieto. Permaneceu assim por várias horas, até que se levantou e verificou que já era noite.

Ronaldo ainda não havia chegado. Fumou mais uma pedra e pôs algumas no bolso. Em seguida fechou a lata, enterrou-a novamente e deixou o barraco.

Chegando ao bar que sempre frequentava, chamou um colega, meteu a mão no bolso e repassou algumas pedras para ele, recebendo dinheiro em troca.

Já era dia quando resolveu voltar para casa. No hotel, viu uma pessoa dormindo em sua cama. Era sua ex-mulher, Alessandra. Tentou não fazer barulho para não acordá-la, pois já devia estar esperando por ele há muito tempo. Sentou-se, encostando na parede e tentou dormir.

Ao acordar, Alessandra abriu os olhos e viu o sol entrando pela janela. Pensou agoniada: "Meu Deus, já é tarde e o Sandro Luís ainda não chegou!" Olhou para um canto e viu o ex-marido dormindo com os braços relaxados ao longo do corpo, como se estivesse morto. Ela experimentou uma dor indescritível, somente sentida por aqueles que muito amam. Observou aquela criatura suja, com roupas rasgadas. O sangue gelou em suas veias quando viu sobre a mesa uma tira de borracha, uma seringa, uma colher e um isqueiro. Aflita, pediu desesperada: "Jesus, ajude-me! Não vou aguentar tanto sofrimento! Meu Sandro já está se picando, Senhor!" Rapidamente se levantou e foi até o rapaz, beijando-o com carinho. Resoluta, disse para si mesma: "Se você morrer, morrerei junto. Isso é uma promessa".

O rapaz abriu os olhos, passou as mãos no rosto, tentando espantar o sono e ainda pôde ouvir a ex-mulher dizendo:

– Amor da minha vida, viva pelo amor de Deus! Não vou aguentar vê-lo dessa maneira por muito tempo!

Sandro se mexeu com dificuldade e fitando-a perguntou:

– Faz tempo que você acordou?

– Acordei agora.

– Por que não dormiu mais?

– Já estou bem, Sandro.

– Como vão as crianças?

– Muito bem.

Encostado na parede, Sandro desatou a chorar e a falar coisas estranhas, enquanto gesticulava.

– Lembra-se, minha querida, quando eu tocava violão e cantava nos grandes clubes, boates e teatros, levantando enormes plateias e sendo ovacionado pelo país inteiro? Você sempre reclamava das minhas fãs. Como eu era feliz quando cantava, tocava e me transportava para um mundo tão real quanto esse!

Sabia que meu coração era fraco, mas não dei atenção a isso. Certo dia desmaiei e morri durante um *show*. Só não entendo por que estou vivo novamente e neste estado deplorável.

Por alguns breves momentos, Alessandra viu em seu rosto uma enorme satisfação, intuindo que aquele êxtase não fora causado pelas drogas, então ela perguntou-lhe:

– Meu amor, o que você está vendo?

– Vejo-me com um violão muito bonito, cantando coisas lindas, aplaudido por uma multidão. Você está ao meu lado, discreta e sempre zelando pelos meus interesses. Sabe, Alessandra, você sempre gostou de dinheiro. Era você quem analisava meus contratos.

– Querido, você está dormindo ou sonhando?

– Alessandra, vejo duas pessoas numa só; essa pessoa, que é um cantor famoso e a outra, que é este resto humano aqui – apontava para si mesmo. – Acho que ainda estou sob o efeito das drogas que consumi ontem. Foi legal, consegui drogas de todos os tipos. "Eu também quero, Sandro", diziam algumas pessoas que nunca vi na vida – explicou o ex-marido. – Que coisa esquisita, não é?

Houve um silêncio, enquanto Alessandra empalidecia surpresa e com o coração aos saltos, imaginando a situação do ex-marido.

– Esqueça tudo isso, querida – pediu o rapaz erguendo-se. – Estou ficando maluco.

– Não acho, Sandro.

– Vou contar isso para o Flávio. Ele deve entender dessas coisas. Afinal, esse pessoal espírita também é meio maluco.

– Acredito em você, pois depois que passei a acompanhá-lo, sofri uma mudança incrível, principalmente em relação à vida material. Acho que você está com a razão, menos quando se entregou ao domínio das drogas.

Alessandra se ergueu, enxugou o rosto, que estava molhado de lágrimas e informou:

– Vou sair um pouco. Espere-me e não saia daí, por favor!

Depois de algumas horas, ela voltou trazendo uns pacotes, uma marmita de plástico e umas garrafas de bebidas.

Assim que chegou, fez uma limpeza no quarto e abriu os pacotes. Retirou a roupa suja do rapaz e o levou para o banheiro, quase o obrigando a tomar banho. Depois aparou o cabelo e a barba dele, vestindo-o com roupas novas. Por último, calçou um par de tênis novos nele, pois sabia que o marido não gostava de sapato social.

Após tudo isso, estendeu uma toalha sobre uma pequena mesa e colocou nos pratos o que havia trazido na marmita.

Sandro não esboçou nenhuma reação e somente observava aquela linda mulher disposta, segura e prática como sempre. Pensar nela lhe fazia bem, porque a amava de toda sua alma, mas não demonstrava seus sentimentos para não atrapalhar a vida dela.

Após a refeição, ele permaneceu calado, indo conferir, à frente do espelho, a transformação pela qual havia passado. Assim que viu sua imagem refletida, pensou: "Acho que vou fugir deste lugar. Não quero mais que a Alessandra me encontre, senão vou acabar prejudicando-a".

De repente eles ouviram alguém bater à porta.

Alessandra foi abri-la e se deparou com Flávio. Cumprimentou-o e pediu que entrasse.

Assim que o viu, Sandro ergueu-se e o abraçou.

– Como vai, meu irmão?

– Tudo bem, cunhado – respondeu Flávio, correspondendo ao abraço. – E você, como tem passado?

– Não se preocupe comigo, estou bem. Não é, Alessandra?

A mulher olhou para Flávio e ambos se entenderam.

Sandro notou o que havia se passado e pensou: "Jamais esquecerei esses dois. Tenho a impressão de que sempre estivemos juntos, só não sei como explicar essas coisas. Vou conversar com o Flávio. Talvez ele possa me esclarecer mais a respeito desse tal de Espiritismo."

EVELINE

13° CAPÍTULO

Sandro Luís permanecia entregue ao vício, sem dar a menor importância à dependência química. Não tinha vontade de se curar, pois segundo ele era somente uma questão de tempo a sua viagem para outro mundo. Sua situação, em todos os aspectos, piorava a cada dia que passava. E assim ele vivia sem nunca reclamar ou se indignar com a própria condição.

Todos que o conheciam gostavam dele, porque além de ser uma excelente pessoa, sempre que tinha dinheiro, ajudava os que o procuravam, principalmente os carentes.

No mundo das drogas era bastante conhecido por auxiliar os amigos viciados, sem perguntas e sem exigir nada em troca, deixando que cada um vivesse a sua vida. Nunca humilhava seu próximo, valendo-se de sua situação de ex-empresário.

Mantinha-se informado sobre o que acontecia em casa e com a família através do cunhado Flávio e da ex-mulher, Alessandra, que nunca deixaram de visitá-lo.

Aceitavam-no com todos os seus defeitos e não tentavam transformá-lo naquilo que ele não era, entretanto o cunhado não desistiu de tentar encaminhá-lo ao Espiritismo, na esperança de que ele pudesse se libertar da dependência química.

Sandro deixou o quarto de hotel e foi mais uma vez em busca do barraco de Ronaldo, na esperança de encontrá-lo para informar que havia mexido na muamba que ele escondia.

Chegando ao local, abriu a porta e não encontrou ninguém, então pensou: "Acho que Ronaldo viajou para outro lugar. Ou então, toda vez que venho aqui, coincide de ele ter saído". Estava entregue a esses pensamentos quando ouviu os passos de alguém se aproximando do barraco. Com medo de que fosse a polícia, quis correr, porém não havia outra porta a não ser a da frente. Procurou se esconder, mas não encontrou um lugar adequado, então resolveu ficar quieto e esperar para ver quem estava chegando.

Ao se aproximar da porta do barraco, a tal pessoa parou e chamou em voz alta:

– Ronaldo! Você está me ouvindo? Posso entrar?

Sandro percebeu que não havia perigo, porque a voz era de uma mulher. Mais aliviado, resolveu responder:

– Pode entrar, a porta está aberta.

Uma moça com aproximadamente dezoito anos abriu a porta do barraco. Tinha cabelos compridos e pretos e era muito bonita, embora estivesse um tanto quanto desleixada.

Sandro pôde notar pelas roupas e pelos seus gestos finos e educados que ela pertencia a uma família de classe média alta. Pensou que a moça era mais uma dessas adolescentes que abandonam tudo para viver nesse mundo, na maioria das vezes, movidas apenas pela curiosidade.

"Ao ficarem completamente dependentes das drogas, esses adolescentes não conseguem mais retornar ao estado normal", pensava o rapaz, enquanto analisava o comportamento daquela mocinha.

Quando os narcóticos dominam o organismo e a mente de uma pessoa, passam a hipnotizá-la e a ocupar o afeto que antes pertencia aos pais, parentes e amigos.

Atualmente, os adolescentes atormentados pelo modernismo encontram amparo e afeto nos braços dos traficantes, que os iniciam no perigoso mundo das drogas, às vezes empurrados pelos maus pais e por alguns educadores materialistas que não possuem condições nem para cuidarem de si mesmos.

– Fique à vontade, moça – disse o rapaz, tentando erguer-se e cumprimentando a desconhecida. – Meu nome é Sandro Luís. Sou amigo de Ronaldo.

– Muito prazer, Sandro. Meu nome é Eveline. Você sabe me dizer onde o Ronaldo se encontra?

– Infelizmente, não. Já vim aqui duas vezes e não o encontro. Pode ser que tenha viajado... Não tenho certeza.

– Acho que não, cara. O Ronaldo era muito doido. Talvez já tenha passado dessa para uma melhor. Gostava muito dele.

– O que posso fazer por você?

– Vim até aqui porque queria comprar uns bagulhos que ele vende – respondeu a adolescente, fitando Sandro com curiosidade. – Mas e você, o que pode fazer por mim?

– Talvez eu tenha o que você está procurando – respondeu o novo amigo de vício.

– O que tem aí, cara?

– O que você quer?

– Maconha e umas pedrinhas.

Sandro encarou a moça e sentiu pena por enxergar nela sua própria ruína. Rapidamente pensou em seus filhos e teve um calafrio esquisito. "Tão novinha e já entregue ao terrível domínio das drogas! Se ela não sair dessa rápido, logo estará viajando só com um bilhete de ida", pensou. Ele afastou esses pensamentos e pediu:

– Espere-me lá fora durante uns minutos. Vou ver se posso ajudá-la.

– E por que preciso sair daqui?

– Essa é a minha condição.

Sandro percebeu que Eveline não sabia onde a droga ficava escondida, por isso pediu para ela sair.

Eveline encarou o rapaz meio desconfiada e anuiu com a cabeça, erguendo os braços num gesto de rendimento, enquanto dizia:

– Tudo bem, cara.

Assim que a moça deixou o barraco, Sandro cavou onde a lata com a droga deveria estar e ficou alegre ao ver que continuava no mesmo lugar. Abriu-a e viu que estava tudo ali: a mesma quantidade de maconha, cocaína, pedras de *crack* e um pouco de heroína. Retirou umas pedras e uma trouxinha de maconha, fechou a lata e a enterrou, disfarçando o local com alguns jornais velhos. Abriu a porta e chamou a moça.

Eveline entrou e perguntou:

– Então, cara, conseguiu o negócio?

– Dei um jeito e consegui um pouco.

– Vamos queimar logo uma pedra. Depois a gente fuma um baseado para relaxar.

Surpreso, Sandro fitou a moça e pensou: "Ela conhece muito bem o que usa". Ele colocou uma pedra no cachimbo para ela, que imediatamente começou a fumá-la. Aproveitando o momento, resolveu acompanhá-la na viagem. Ambos não trocavam uma palavra, para curtir ao máximo o efeito da droga, que era passageiro.

– Por que você está nessa vida, garota? – perguntou o rapaz com curiosidade e pensando nos filhos.

– Odeio o mundo e esse sistema de cartas marcadas que é a política, a economia, a sociedade e a religião – respondeu a moça, com a respiração difícil. – Não aceito ser controlada como um animal, mas também não tive forças para encarar a realidade, por isso me entreguei a essa imundice onde vivo, que também é uma forma de alienação muito pior, porque é destruidora e ilegal.

O rapaz olhou carinhosamente para a garota e se compadeceu da situação dela, pois ali, à sua frente, estava mais uma vítima de uma sociedade tão alienada quanto os viciados.

– Posso lhe fazer uma pergunta indiscreta? – perguntou o rapaz, notando o ventre da moça.

– Sim, Sandro.

– Você está mesmo grávida ou estou enganado?

Eveline baixou a cabeça, como se estivesse envergonhada, e respondeu:

– É verdade. Estou grávida de três meses.

– Minha querida amiga, foi um grande prazer conhecê-la, mas tenho que ir – disse o colega, erguendo-se e dando aquela "festa" por encerrada. – Depois a gente se vê por aí.

– Para onde você vai, cara?

– Não sei... – respondeu Sandrinho com o olhar perdido em algum ponto.

Eveline também se levantou, com certa dificuldade, por causa de seu estado gestante:

– Que horas são?

– Não tenho relógio, mas deve ser umas vinte horas.

– Posso acompanhar você?

– Vamos nessa!

Ambos tomaram um transporte coletivo e se dirigiram para o centro da cidade.

Assim que chegaram lá, a garota se despediu e tomou o próprio rumo, enquanto Sandro foi ao mesmo bar de sempre, antes de ir para o local onde costumava se drogar.

A família de Feitosa encontrava-se reunida em silêncio, por ocasião do jantar, quando Alessandra se fez ouvir por todos:

– Sempre que posso vou visitar o Sandro e ontem estive com ele mais uma vez.

– Por que você não começa um novo relacionamento em vez de perder tempo com o meu irmão?

– Cristina Maria, por favor, deixe Alessandra fazer o que quiser – refutou Maria Antônia. – Além disso, enquanto ela estiver perto do meu filho, vamos ficar mais tranquilos e sempre teremos notícias dele.

Feitosa, que até então estava calado, olhou para a filha e falou:

– Minha filha, se você nutre tanto ressentimento pelo seu irmão, ao menos não contamine os outros com esse veneno.

Marcos também disse, sem levantar a cabeça:

– Alessandra, continue visitando o meu irmão, pois você está fazendo um bem muito grande. Ele está cada vez mais doente e é preciso que alguém esteja por perto para ajudá-lo quando chegar a sua hora.

– Por mim, ele poderia morrer feito um cão, pois não faria falta alguma a esse mundo – disse a irmã com certo desprezo na voz.

O marido de Cristina pediu licença para se retirar e subiu para o quarto com os olhos cheios de lágrimas, em virtude das duras palavras proferidas pela esposa. No aposento, sentou-se em sua cadeira predileta e deu vazão aos pensamentos: "Eu amo muito a Cristina Maria, mas hoje mesmo deixarei esta casa. Não aguento mais ouvi-la falar com tanta crueldade do próprio irmão e nem acreditar que ela seja tão má assim, capaz de dizer coisas absurdas em relação a alguém que tem o seu próprio sangue". Resoluto, no mesmo instante, começou a arrumar suas roupas em uma pequena mala.

Assim que chegou ao quarto, Cristina surpreendeu-se ao vê-lo arrumando aquela mala, como se fosse viajar.

– Você vai viajar? – perguntou a esposa, com as sobrancelhas arqueadas.

O marido ergueu o rosto rapidamente e respondeu-lhe:

– Não. Estou me separando de você – respondeu o marido, continuando sua atividade. – Não posso conviver com uma pessoa que demonstra tanto ódio por alguém que nunca lhe fez mal.

– Flávio, não seja tão ingênuo! Sandro sabe perfeitamente o que está fazendo! Não sei por que vocês se preocupam tanto com quem não aceita ajuda de ninguém, nem a do meu pai!

– Lembre-se de que ele está doente e pode não viver durante muito tempo. Você não consegue enxergar o quão devastador é o efeito das drogas que ele consome?!

– E só por isso você quer ir embora?

– Não é só por isso. Vou embora porque descobri que casei

com uma mulher sem coração, que não se importa com o seu próximo.

– Não me venha com essa história de religião! Já estou farta de ouvir essas hipocrisias!

– Sendo assim, não temos mais nada para conversar. Vou seguir o meu caminho de alienado, como você mesma diz, e deixarei de incomodá-la.

– Flávio, você não pode me deixar agora – insistiu Cristina. – O meu pai não vai aguentar mais esse golpe. Lembre-se que você é como um filho para ele. Temos que ter calma e resolver esse problema outro dia.

Flávio se entregou aos seus pensamentos sem nada dizer. Depois trocou de roupa, deitou-se e começou a refletir: "Agora começo a entender o conflito do Sandro. Há momentos em nossas vidas que devemos ter muita coragem, senão, vamos sucumbir no primeiro obstáculo, principalmente se não temos uma religião ou se não acreditamos numa existência além desta".

Sem conseguir dormir, levantou-se e foi até o jardim, sentou-se num dos bancos, onde começou a pensar na vida, principalmente na conjugal. Ao ouvir passos, voltou-se para descobrir quem se aproximava e viu o sogro, que silenciosamente acomodou-se ao seu lado.

– Flávio, faz alguns dias que não durmo direito pensando naquela visão que o Sandro teve – comentou o sogro, rompendo o silêncio.

– Por que você ficou tão impressionado assim, Feitosa?

– Não sei. Acho que me culpo por não ter feito algo para salvar João Bosco e meu filho.

O genro observou que aquele homem queria desabafar e o deixou falar à vontade.

O sogro prosseguiu:

– Durante a minha existência, que está chegando ao fim, só pensei em dinheiro, em auferir lucros, quase sempre à custa do sofrimento de alguém. Nunca liguei para nada, desde que minha empresa apresentasse resultados positivos em termos financeiros, o resto para mim não interessava. Não queria saber quem estava doente ou sofria, apenas pagava os melhores médicos e especialistas. Sempre enxerguei no dinheiro a solução para o mundo. Só acompanhava Maria Antônia à igreja por conveniência, porém jamais acreditei em religiões. Achava todas elas fanáticas e seus templos lugares para pessoas desocupadas e desequilibradas. Hoje, dia e noite, reflito sobre as lições que você lê no Culto do Evangelho no Lar, principalmente depois do que Sandro lhe contou sobre ver coisas do outro mundo. Passei a rever meus conceitos, minhas crenças e os valores que defendi durante toda a vida.

Feitosa fez uma pausa para respirar e logo voltou a falar:

– Flávio, entre todos da família, você e a Maria Antônia são os únicos que estão no caminho certo, no caminho de Deus. Talvez eu seja culpado pelo que aconteceu ao João Bosco, ao Sandro Luís e até pela morte do Mário, já que eu nunca quis saber o que se passava na alma daquele rapaz. O pior de tudo isso é que não posso fazer mais nada para me redimir de meus erros, porque não há volta para o que fiz.

Mais uma vez ele parou, agora, para tossir. Assim que se sentiu melhor, continuou:

– Se eu tivesse compreendido o coração de meu filho e permitido que ele fizesse as próprias escolhas, tenho certeza absoluta de que agora ele estaria nos contagiando com a sua felicidade. Como só pensava em ganhar dinheiro, quando tudo aconteceu, achei que o Sandrinho queria se transformar num malandro qualquer. Que Deus me perdoe!

O empresário silenciou e retirou-se sem se despedir do genro.

Flávio perguntou-se: "Será que agora ele se sente melhor?" Depois se ergueu, espreguiçou-se e foi dormir.

SALVANDO VIDAS

14º CAPÍTULO

Enquanto aconteciam esses fatos na residência de sua família, Sandro encontrava-se sentado na velha calçada do bairro simples, com as costas apoiadas na parede de um prédio antigo. Ele olhou para o céu e notou que as estrelas estavam piscando com maior intensidade. "Será que realmente existe outro mundo? Será que fica numa dessas estrelas?", pensava enquanto aspirava com volúpia uma carreira de pó espalhado numa tábua apoiada em suas pernas. Quando tentava acender um cachimbo, ouviu alguém gritar com desespero.

– A Eveline quer se suicidar!

Ao ouvir aquele nome, Sandro meteu imediatamente o cachimbo no bolso de um velho paletó e apreensivo correu em direção do lugar de onde vinha o grito. Assim que o achou, perguntou à pessoa que havia gritado:

– Onde ela está, garoto?

Com os olhos arregalados de medo ou surpresa, o garoto apontou para um prédio antigo, que se encontrava à sua frente e informou:

– Ela está no último andar daquele prédio, querendo pular.

Meio cambaleante, porém determinado, Sandro correu com passos inseguros em direção ao edifício, subiu as escadas com dificuldade e conseguiu atingir o último andar. Ficou espantado quando notou que a moça grávida estava sentada numa das velhas janelas do prédio e tudo indicava que estava completamente fora de si, provavelmente sob o efeito de altas doses de drogas. Ele se aproximou devagar e falou:

– Eveline, sou eu, Sandro. Deixe-me ajudá-la.

– Não se meta nisso, cara – disse ela, rindo como louca. – Estou doidona e não quero esse filho.

Sandro notou que o problema era sério. A qualquer momento Eveline poderia pular e suicidar-se. Com calma, o rapaz foi se aproximando dela e pela primeira vez na vida pronunciou em voz baixa algo como uma prece:

– Meu Jesus, se Você existe mesmo e se Deus é o nosso Pai, por favor, não deixe que essa criatura morra e mate essa criança que está em seu ventre! Essa moça não merece morrer dessa maneira! Ela não sabe o que faz Senhor! Se realmente existem espíritos protetores, como diz o meu cunhado, protejam essas crianças, mãe e filho!

Aproximou-se mais um pouco e notou que Eveline se acalmava. Assim, aproveitou o momento e a agarrou pela cintura, puxando-a da janela.

Ambos caíram ao chão, abraçados sob intensa crise de choro convulsiva. Permaneceram assim, até que aos poucos foram se acalmando.

Ficaram quietos durante um longo tempo e quando voltaram a si, observaram que estavam a sós, porque o pessoal que assistia ao provável suicídio já havia ido embora.

O salvador passou a mão na cabeça da mocinha, como se quisesse lhe dar forças, e disse-lhe:

– Garota, o suicídio não é o melhor remédio para os nossos problemas.

Eveline já estava melhor. Ela olhou com gratidão para o homem que havia conhecido há pouco tempo e comentou:

– Não entendo como um homem que está se matando aos poucos, pois acaba com o próprio corpo ao usar substâncias químicas destruidoras, pode dar esse tipo de conselho. Fico devendo essa, principalmente por ter salvado uma criatura inocente: o meu filho.

O rapaz baixou a cabeça e pensou: "Ela tem razão". Ele pegou a mão da menina, ergueu-se e disse:

– Você tem toda razão. Todavia, nada me impede de salvar a vida de alguém, de cumprir com o meu dever de cristão, mesmo sendo um suicida.

– Desculpe-me, cara. Acho que me precipitei ao julgá-lo.

– Não precisa se desculpar. Só espero que não faça mais isso. Lembre-se de que nessa barriga tem alguém querendo viver.

– Vou me recordar disso.

Eveline calou-se intrigada, mas logo perguntou:

– Você é espírita?

– Por que você me faz essa pergunta?

– Pelo modo como você encara a vida e se preocupa com o bem-estar das pessoas.

– Não sou, não. Mas tenho aprendido com essa religião, porque o meu cunhado é espírita e sempre conversamos a respeito dela. Sinceramente, até hoje nunca vi uma religião explicar tão bem a condição do homem na Terra, o seu destino, a dor, de onde viemos e para onde vamos – comentou o rapaz com o olhar perdido, enquanto acariciava os cabelos da moça.

– Nunca gostei de religião. Acho que todas são interesseiras e o objetivo delas é enganar a boa-fé do povo, de acordo com o interesse de cada uma, prometendo o céu ou inferno, conforme o caso, o que acho uma utopia desses fanáticos – disse a moça, ajeitando os cabelos e respirando profundamente.

– O meu cunhado fala muito sobre essa "Doutrina dos Espíritos".

– "Dos espíritos"? Você acredita nisso?

– Ele diz que somos imortais, pois é o nosso corpo material que morre e não nosso espírito, ou seja, a inteligência que anima esse mesmo corpo. Ele sempre me fala sobre Allan Kardec, que codificou o Espiritismo, essa Doutrina que foi elaborada pelos espíritos superiores. Quanto a acreditar ou não nisso tudo, tenho cá minhas dúvidas, mesmo havendo algumas provas da existência de um mundo imaterial.

– Que provas são essas?

Ele fitou a amiga, pensou por alguns minutos, por fim resolveu com paciência narrar sua história.

Ao terminar de ouvir aquele relato, Eveline ficou bastante preocupada, olhando para o amigo, admirada em saber que aquele homem conhecia muito bem o que estava dizendo ou estava completamente maluco. Ela se aproximou dele e, penalizada, convidou:

– Vamos caminhando, cara. Você precisa descansar, senão vai terminar perdendo de vez a noção de tudo.

Rapidamente, Sandro Luís compreendeu a apreensão de Eveline a respeito dele e perguntou-lhe:

– Você acha que estou ficando maluco, não é?

– Isso é normal, meu amigo. No início, perdemos o domínio sobre a nossa personalidade, depois vamos enfraquecendo até o vício nos dominar por completo. Com o passar do tempo, a tendência é que comecemos a perder a memória e a delirar, vendo coisas e mundos fictícios, até chegar o dia em que faremos uma loucura qualquer, como tomar uma dose excessiva, provocando-nos a morte por *overdose*.

Sandro ficou boquiaberto com o grande conhecimento daquela moça em relação ao mal causado pelo consumo de drogas, então falou:

– Você é tão nova e já aprendeu tudo isso?

– Não, aí é que você se engana. Não estou muito tempo nesta vida. Quem me contou isso foi um amigo que morreu de overdose faz pouco tempo. Ele também via esse tipo de coisa que você acabou de explicar.

Sandro pensou: "Será verdade isso?" Refletiu um pouco mais e disse para si mesmo: "Não é possível! Quando comecei a ter essas alucinações malucas, eu ainda nem bebia. Essa teoria da Eveline está errada, mesmo sendo coerente em alguns aspectos". Ele olhou para a amiga e comentou:

– Talvez você tenha razão, principalmente porque sabemos perfeitamente que ainda existem muitas coisas inexplicáveis para o homem. Quanto às minhas visões, comecei a tê-las ainda criança, então como se explica isso? Só existe uma explicação plausível, que é a de que somos realmente espíritos imortais, filhos de Deus.

– Tudo bem, cara, vou pegar um ônibus. Depois nos vemos por aí.

Eveline beijou o rosto do colega de vício com um sorriso de agradecimento e se despediu, dizendo:

– Muito obrigada por salvar minha vida e, principalmente, a vida do meu filho. Vou fazer o possível para sair dessa.

– Que Deus a ajude a sair desse inferno enquanto ainda há tempo.

Sandro permaneceu imóvel, observando a colega distanciar-se rumo ao local onde tomaria um transporte coletivo.

Quase ao amanhecer, Sandro Luís passou no mesmo bar, tomou uma bebida e depois se dirigiu ao hotel.

Já no quarto, deitou-se do jeito que estava e pôs as mãos debaixo da cabeça, fechou os olhos e deixou o pensamento vagar com uma velocidade espantosa, relembrando até a alucinação que tivera sobre o músico, cópia fiel de si, morto durante uma apresentação.

De repente ele notou que andava pelo quarto, enquanto o próprio corpo continuava estendido na cama. Foi até a janela e sentiu vontade de voar. E o fez. Contemplou a cidade abaixo e sentiu uma indescritível sensação de liberdade. Entrou num velho teatro, observou rapidamente o lugar transformar-se diante de seus olhos, lotando de pessoas que aplaudiam um homem parecido com ele. Notou que era ele mesmo que cantava e tocava violão, enquanto relanceava os olhos pela plateia e recebia alegremente os aplausos da multidão presente.

Repentinamente o quadro mudou e ele foi transportado para uma mansão onde uma moça muito bonita, idêntica a Alessandra, aguardava-o.

– Você já vai dormir? – perguntou ela.

– Vou querida. Estou muito cansado e com sono.

– Nunca o vi tão cansado, Antônio José. Amanhã, marcarei uma consulta com um médico para você, certo?

– Tudo bem, Marina. Mas agora, por favor, deixe-me dormir.

– Certo. Só quero avisá-lo que sairei amanhã cedo para tratar de assuntos do seu interesse.

– Faça como achar melhor, querida. Boa-noite.

Após adormecer viu-se acompanhando um funeral. Sem entender como aquilo era possível, Sandro assustou-se ao ver que era ele que estava sendo conduzido dentro de um caixão luxuoso. De repente despertou amedrontado e imediatamente se levantou. Olhou para a velha cama do hotel e pensou: "Eu estava sonhando. Que sonho mais bobo!" Deitou-se outra vez e teve medo de fechar os olhos, mantendo-se desperto até tarde da manhã. Eram quase dez horas, quando Flávio e Alessandra bateram a sua porta.

– Bom-dia – cumprimentou o cunhado.

– Bom-dia, querido – cumprimentou Alessandra, beijando-o.

– Bom-dia. Entrem, por favor.

Alessandra olhou de soslaio para Flávio e ambos notaram que ele piorava a olhos vistos.

O dependente químico lavou o rosto, enxugou-o na camisa e olhando para o cunhado, disse-lhe:

– Flávio, ontem, salvei duas vidas. Estou muito satisfeito, só me sinto bem quando posso ajudar alguém.

– Quem você salvou?

Sandro relatou o ocorrido demonstrando certa satisfação por haver socorrido a amiga Eveline.

Emocionados, Flávio e Alessandra conseguiam captar toda a bondade de alguém que, mesmo perto da morte, preocupava-se com uma garota desconhecida conduzindo uma criança em seu ventre, cumprindo assim com um dos ensinamentos máximos de Jesus: "Amar ao próximo como a si mesmo".

Bastante emocionada, Alessandra passou a mão no rosto, abraçou o ex-marido, depois colocou um pacote que conduzia sobre a mesa e disse-lhe, com carinho:

– Sandro, trouxe o seu café.

– Não estou com fome, mas vou comer alguma coisa em consideração a vocês.

Alessandra pensou: "Sempre educado. Talvez por isso, sentiu o peso da responsabilidade ao sustentar sua palavra quando disse não ao pai, prejudicando a ele mesmo". Ela fitou o ex-marido com muito carinho e entendeu que havia perdido uma joia rara.

Flávio sentou-se na cama e ficou analisando o estado do cunhado. A roupa nova que Alessandra havia comprado já estava suja e com manchas de sangue. Ele nem fazia questão de escondê-las, pois havia perdido a autoestima. Também notara que o braço dele estava cheio de marcas, provenientes do uso de drogas injetáveis, mas procurou desviar a atenção e conversar normalmente, tentando ser útil ao menos como companhia.

– Você teve mais algum sonho daqueles que chama de alucinação? – perguntou o cunhado, com voz calma, a fim de não ofender Sandro Luís.

– Tive, sim. Inclusive, minha colega Eveline me disse que isso era o começo do fim. Quando os viciados começam a ver coisas e perdem a noção de tempo e espaço é porque eles já estão perto de morrer. Talvez ela tenha razão.

Flávio ficou tão compungido com o cunhado, principalmente pela forma como falava, que não conseguiu conter as lágrimas que teimavam em brotar de seus olhos. Discretamente, ele as enxugou e comentou:

– Acho que sua amiga não conhece bem o Espiritismo. Se conhecesse, tenho certeza de que pensaria diferente. O que você viu nestes últimos dias?

– Antes de vocês chegarem, eu sonhava que voava sobre esta cidade.

Sandro narrou o sonho para eles, na íntegra.

Flávio realmente ficou impressionado, pois fizera uma pesquisa histórica e descobrira que o nome de um famoso cantor desencarnado durante uma apresentação era o mesmo nome do personagem da narrativa de Sandro, inclusive o nome da esposa do cantor, Marina, era o mesmo também. Pensou: "Ele sofre as consequências de um coração bom e sensível, que ainda não estava preparado para enfrentar o mundo e cumprir sua missão no campo da economia nacional, dando ao seu povo uma distribuição de renda honesta e justa. Faltou-lhe unir a sabedoria e a bondade a uma energia que ele ainda não assimilou".

Enquanto Flávio mantinha-se calado, Sandro tomava um pouco de café e pensava: "Tenho que sumir daqui. Vou acabar prejudicando essas duas pessoas que amo de todo o coração. Além disso, através de Alessandra posso fazer mal aos meus filhos".

Alessandra não se cansava de olhar para o rosto magro do ex-marido, marcado pelas drogas e pela ingratidão da vida. Ela o abraçou e perguntou:

– Sandro, se eu fizesse um pedido, você me atenderia?

– Qual é o pedido, Alessandra?

– Eu gostaria de levá-lo a uma clínica de repouso. Após o tratamento, você poderia fazer de sua vida o que bem entendesse.

– Acho que esse assunto já foi decidido. Não há mais jeito para o meu caso, minha querida.

– Por quê?

– O problema não se resume apenas à minha dependência química. Há também os sonhos que não realizei para cumprir as ordens da família. Sei que eu poderia me recuperar e depois tentar uma carreira de cantor, mas sinto que algo se quebrou dentro de mim, embora não saiba exatamente o quê. Muitas coisas são inexplicáveis, minha querida.

– Sinto muito. Eu seria capaz de abandonar tudo para lhe ajudar.

– Querida, não se preocupe comigo. Talvez nos reencontremos numa próxima reencarnação, em outra situação, você como mulher de um grande artista popular, como no passado, conforme as explicações da religião do Flávio.

Enquanto isso, Sandro pensava rapidamente: "Tenho de sair daqui ainda hoje. Não posso prejudicar Alessandra e meus filhos".

DECADÊNCIA TOTAL

15º CAPÍTULO

Assim que Flávio e Alessandra deixaram o hotel, Sandro foi até a portaria e encerrou sua conta com o dinheiro que o cunhado lhe emprestara. Voltou ao quarto, pôs seus objetos pessoais em uma sacola de plástico e tomou um ônibus em direção ao barraco de Ronaldo.

Chegando ao destino, notou que não havia ninguém no pequeno barraco. Ao entrar, vislumbrou um bilhete pregado na parede. Aproximando-se mais um pouco, leu: "Aviso aos manos. Ronaldo foi morto pela polícia. Que Deus se lembre da alma dele".

Após ler o bilhete, Sandro sentou-se e começou a pensar: "Então, já que o irmão Ronaldo se despediu deste mundo, vou ficar por aqui, até que também chegue o meu dia".

Desde então, passou a viver naquele cubículo imundo. Também procurou outro bar para frequentar e um novo lugar para fazer suas viagens.

Alessandra desesperou-se com o desaparecimento de Sandro e Flávio desistiu de procurá-lo, sem saber mais o que fazer, chegando até a acreditar que o cunhado havia desencarnado.

Flávio se encarregou de informar a família sobre o desaparecimento do cunhado.

Maria Antônia também entrou em desespero com a notícia, enquanto Feitosa perdeu a vontade de viver.

Cristina Maria foi a única que não demonstrou nenhum sentimento de perda e parecia estar muito satisfeita, pois havia se livrado de dois problemas: do irmão viciado e da ameaça feita pelo pai.

Alessandra não se conformava com o desaparecimento do ex-marido e continuava procurando-o por todo lugar, ainda que seu esforço fosse em vão.

Enquanto a família tentava se acostumar com a realidade, Sandro sucumbia vertiginosamente, a ponto de perder a identidade, mesmo que por alguns momentos. Quem via aquele homem andando pelas ruas da cidade trajando roupas sujas, com os cabelos compridos e a barba grande, talvez questionasse o que ele teria feito para estar numa situação daquelas.

O ex-empresário passava muito tempo no barraco, tentando encontrar um jeito para sustentar o vício. Ele não tinha mais dinheiro e sempre aparecia alguém para se aproveitar do seu estado precário. A única saída que arrumou foi virar entregador de entorpecentes, principalmente nas residências dos bairros nobres da grande cidade.

Certo dia não pôde sair do barraco, pois se encontrava muito doente e pálido. De repente ouviu alguém chamá-lo.

– Pode entrar, a porta está aberta – disse ele com esforço.

Eveline abriu a porta e ficou surpresa ao ver o amigo naquele estado.

– Cara, o que aconteceu com você? – perguntou a moça enxugando uma lágrima que descia pelo seu belo rosto.

– Não se preocupe comigo.

– Meu amigo, você está péssimo!

– Já estou acostumado. Sinto-me muito bem – disse ele ironicamente. – Você acredita nisso?

– Não acredito, não, cara! Você não existe! Se fosse outra pessoa já teria morrido.

Eveline olhou para Sandro e disse-lhe:

– Fique quieto aí. Vou arrumar essa bagunça.

Ela limpou a sujeira que estava acumulada e avisou:

– Vou sair, mas volto logo.

Alguns minutos depois ela voltou com um pacote na mão.

Trouxe consigo uma vasilha com água, umas garrafas de água mineral, álcool, algodão, remédios, alimentos enlatados, entre outras coisas, além de uma muda de roupa.

Imediatamente começou a cuidar de Sandro. Tirou a roupa dele e o limpou com a água que havia trazido. Depois fez um curativo em suas feridas e em seu nariz.

Após tudo isso, fez um pequeno fogo, esquentou a comida enlatada e assim que ficou pronta, alimentou o amigo, que comia em silêncio.

Depois de comer o que conseguiu, Sandro bebeu água e perguntou:

– Menina, como vai passando?

– Estou melhor e lutando para ficar limpa até o nascimento da minha filha.

– Você já sabe o sexo da criança?

– Sim, é uma menina. O médico disse que ela está sadia, graças a Deus. Assim que ela nascer, pretendo continuar meus estudos e cuidar dela.

– Você está vencendo a dependência?

– Sim, com muito sofrimento. Só não sei até quando...

– Qual o nome que você escolheu para a sua filha?

– Sandra.

O homem se encolheu como se estivesse com medo de algo, emocionou-se e começou a chorar. Percebendo o motivo de tanta emoção, a futura mamãe aproximou-se dele, apertou-o contra o peito e afagou-lhe o rosto.

– Sandro, meu amigo, eu preciso contar para você o que decidi.

Eveline pensou e respirou fundo.

– Quando a milha filha crescer, vou contar toda a história de seu pai, para que ela saiba que ele venceu a podridão deste mundo nojento.

– Posso fazer uma pergunta indiscreta? – indagou Sandro.

– Você pode fazer qualquer pergunta, meu querido.

– Quem é o pai de sua filha?

– Você, Sandro.

O rapaz ergueu-se meio cambaleante e se agarrou na parede para não cair. Abriu a porta e saiu do barraco para poder respirar melhor e quando voltou encontrou Eveline recostada na parede. Ele a encarou e perguntou:

– Por que você está me dizendo isso?

– Porque essa é a verdade. Você é o pai da minha filha. Foi você quem nos salvou naquela noite e deu oportunidade para ela nascer. É por isso que o único pai que Sandrinha vai conhecer é você.

– Eveline, pense melhor a respeito. Explique a verdade a ela, para não haver problemas no futuro.

– Isso já está decidido, Sandro. Se não fosse por você, ela não nasceria. Além disso, tenho certeza de que sua filha vai se sentir orgulhosa do pai que tem. Quanto a mim, nunca vou esquecer do bem que você me fez. Sei que está procurando a morte e não o culpo por isso, porque cada um sabe o que se passa em seu íntimo e você deve saber o que faz.

– Posso lhe pedir um favor, Eveline?

– Pode sim.

– Deixe este lugar. Como pai da sua filha, tenho o direito de pedir isso para o bem dela.

Eveline começou a chorar baixinho, como se estivesse se despedindo do amigo para sempre. Ela o abraçou e disse:

– Sandro, eu amo você.

– Isso é uma ilusão que logo passará.

– Sou muito nova, mas sei distinguir ilusão e realidade.

– Fico contente por ter salvado uma vida, principalmente a da minha filha, e peço a Deus que a proteja das armadilhas deste mundo. Quanto a você, continue seus estudos e nunca mais volte a se drogar, pois agora você tem outras responsabilidades.

– Expliquei tudo o que aconteceu comigo aos meus pais e eles estão contentes, especialmente por eu estar lutando para me corrigir. Falei muito sobre você e eles queriam conhecê-lo, mas como sei que este mundo está acabado para você, disse que não sabia onde encontrá-lo.

Sandro sentiu nas palavras de Eveline o quanto ela gostava dele. A moça não queria transformá-lo e compreendia perfeitamente o seu ponto de vista, limitando-se apenas a respeitá-lo.

Eveline pensava em silêncio: “Este é o tipo do herói que ninguém vê. Optou por acabar com a própria vida a aceitar o sistema. Só não concordo com a maneira que ele escolheu para se sacrificar. Deixou-se violentar pelas drogas e enriqueceu ainda mais os traficantes que estão nos bastidores passando-se por pessoas respeitáveis. Ele sofre calado, resignadamente, sem reclamar, avisando a todos do mal causado pela droga. Quantas criaturas já saíram dessa e seguiram o seu conselho, tendo em vista que ninguém tem mais autoridade para ensinar do que quem passa pela mesma situação."

– Meu amor, eu e a nossa filha sempre estaremos com o pensamento voltado para você. Tenha certeza disso – disse a moça, erguendo-se amparada pelo rapaz.

Eveline chorava por saber que nunca mais o veria e ele apenas olhava para ela e pensava consigo mesmo, como se orasse: "Meu Deus, cuide dessa menina e de sua filha! Não deixe que ela se envolva novamente com esse mal destruidor, que acaba com os melhores valores que alguém pode ter! Ajude-a, meu Deus!" Depois abraçou a moça e disse-lhe:

– Que Deus abençoe vocês!

– Obrigada. E você, lembre-se sempre de nós!

Eveline se despediu de Sandro e deixou o barraco cabisbaixa.

Sandro permaneceu no barraco até a noite chegar, quando a inquietação e a ansiedade se apossaram de sua mente. Ele tentou se controlar e não conseguiu, então lembrou-se da lata e cavou o lugar onde ela ficava enterrada. Ao retirá-la do buraco, pegou o restante das drogas. Colocou alguns papelotes nos bolsos, como de costume, dirigiu-se para o centro da cidade e vendeu um pouco do que carregava. Passou num bar, tomou alguma bebida e foi para o novo lugar onde se drogava.

Na residência de Feitosa, como não recebiam mais notícias do rapaz, todos estavam cada vez mais preocupados e tristes. Em silêncio, somente Cristina Maria torcia para que o irmão tivesse morrido e assim deixado seu caminho livre.

Embora de uma forma controlada, Marcos passou a beber diariamente e isso muito preocupou os pais, que não viam com bons olhos aquela mudança.

Em seu apartamento, Alessandra ficava jogada em um sofá a maior parte do dia, com os olhos perdidos no tempo, como se estivesse vendo alguma coisa. Sempre chorava com saudade de Sandro e do mal que havia cometido contra aquela criatura.

Flávio decidiu ir ao centro, conversar com o presidente da instituição e pedir informações sobre algumas questões que ele não conseguia compreender, mesmo estudando a Doutrina Espírita, como por exemplo, o que estava acontecendo com o cunhado.

Chegando ao centro, pediu para falar com Valdomiro, presidente da instituição. Foi encaminhado para uma sala isolada e simples, onde um senhor com aproximadamente oitenta anos – muito conhecido e respeitado pelos espíritas daquela cidade – se encontrava sentado à sua espera.

Valdomiro ergueu-se e o cumprimentou, ao vê-lo adentrar a sala:

– Amigo Flávio, em quê posso servi-lo?

– Boa-noite. Eu não queria incomodá-lo, mas preciso muito conversar com o senhor.

O presidente do centro encarou o rapaz e notou que ele estava aflito, então se preparou mentalmente para atender o amigo e tentar ajudá-lo a esclarecer suas dúvidas.

– Estou às ordens, Flávio. É um prazer poder ajudá-lo.

Flávio sentou-se numa cadeira em frente a Valdomiro e depois de alguns minutos, começou a falar:

– Tenho um cunhado chamado Sandro, do qual você já ouviu falar.

– Já, sim. Continue, Flávio.

O rapaz narrou todos os acontecimentos relacionados ao cunhado, sem esconder nenhum detalhe, e depois ficou quieto.

Valdomiro também entregou-se aos seus pensamentos, refletindo sobre tudo que ouvira. Depois de muito pensar, talvez pedindo a Deus naquele momento orientações divinas para ajudar o amigo, começou a falar:

– Flávio, o Espiritismo é a única religião do mundo que esclarece os problemas do ser humano. Há uma vasta literatura espírita baseada nas obras básicas da Doutrina, codificada por Allan Kardec.

Valdomiro fez uma pequena pausa e reiniciou sua elucidação:

– Conforme aprendemos com Jesus e Kardec, sem falar nos grandes espíritos que orientam a humanidade, como o Dr. Adolfo Bezerra de Menezes, nós poderíamos classificar o problema de seu cunhado como uma obsessão que está chegando à fase final: a subjugação. Porém, não podemos esquecer que Allan Kardec, através de "O livro dos espíritos", e o espírito Emannuel, no livro "O consolador", informam sobre duas coisas que existem em nós: livre-arbítrio e determinismo, que podem mudar o nosso pensamento em relação à obsessão.

– O senhor quer dizer que Sandro usou o livre-arbítrio e o determinismo para escolher, por conta própria, o modo de vida que levaria nesta existência?

– Mais ou menos, meu amigo Flávio – respondeu com seu sorriso permanente estampado no rosto. – Não esqueça também que nenhum espírito inclui em seu programa de vida suicidar-se, principalmente se destruindo através de um vício qualquer, mesmo que parcialmente.

– Então, neste caso, não existe uma influência espiritual, a chamada obsessão?

– Eu não disse isso. O Espiritismo explica que os espíritos influenciam os nossos pensamentos muito mais do que imaginamos. Portanto, se Sandro enveredou voluntariamente pelo caminho das drogas, por um motivo que não vem ao caso agora, seu quadro mórbido e de dependência química foi agravado pelos espíritos viciados que sempre o procuram para satisfazer os próprios vícios, fazendo dele uma "ponte".

Flávio se mexeu na cadeira e pensou na esposa Cristina Maria, em Marcos, Feitosa e Alessandra, visto que todos estavam enquadrados nas explicações de Valdomiro.

– Quer dizer que Sandro, por ter escolhido o caminho das drogas como fuga para os seus problemas, também alimenta, sem saber, os viciados desencarnados?

– Exatamente, meu amigo.

– E como um espírito pode usar um encarnado sem ter mais um corpo físico?

– Isso é fácil. Lembre-se de que Jesus sempre nos alertou para *orarmos e vigiarmos para não cairmos em tentação.*

– Lembro-me muito bem desta máxima do Cristo.

– Há vinte séculos, Jesus já previa que se não vigiássemos nossas ações, fatalmente cairíamos nas tentações da vida.

– Ainda não consegui captar a essência da sua explicação.

– Todos somos espíritos imortais, só que uns estão encarnados e vivem neste mundo material, enquanto outros estão desencarnados e vivem no mundo espiritual. Todos são capazes de fazer a mesma coisa, dependendo da vontade de cada um. Por exemplo: um espírito desencarnado pode comer, beber, fumar, fazer sexo e dançar, do mesmo jeito que os encarnados fazem.

– Como isso se dá?

– De várias maneiras. Alguns desencarnados usam as emanações dos alimentos, cigarros e tóxico, através de uma interação entre a vontade deles e a dos encarnados. Outros sugam o tônus vital dos encarnados e satisfazem suas vontades como se estivessem neste mundo corporal.

Valdomiro fez uma pausa, respirou profundamente, talvez tentando captar com mais autenticidade as informações que estava recebendo de seu mentor espiritual, depois prosseguiu com as elucidações:

– Meu amigo, imagine quantas pessoas sustentam os vícios dos espíritos levianos ao beberem e usarem as substâncias tóxicas das quais eles necessitam. Quantas coisas acontecem pela indução dos espíritos sobre os encarnados.

– Então, Sandro pode ter começado a se drogar por vontade própria mas, sem dúvida, ele sofreu a influência de espíritos viciados, o que agravou sua situação.

– Agora você entendeu. E para sintetizar nossa conversa, hoje o seu cunhado está entregue às influências de espíritos que usam o físico dele para satisfazerem os próprios vícios, levando-o a uma decadência espiritual e física da qual ele mesmo foi o causador – comentou o presidente do centro. – Meu amigo Flávio, ninguém é culpado da desgraça dos outros. Somos culpados ou inocentes por tudo que acontece conosco. Somos o resultado de nossas ações, portanto, Deus nos deu o presente da reencarnação, para recorrermos a ela quando precisarmos reparar nossos erros.

Ambos ficaram em silêncio por alguns instantes.

– Que Deus lhe abençoe, meu irmão. Diga àqueles que convivem com você que ainda há tempo para ressarcir as dívidas que devem ser pagas nesta existência – disse Valdomiro, dando por encerrada a entrevista.

O rapaz ficou assombrado com aquela advertência e quis

perguntar mais alguma coisa porém, neste momento, Valdomiro ergueu-se e saiu por uma porta privativa que havia na sala de atendimento.

Chegando em casa, Flávio encontrou Maria Antônia, Feitosa, Cristina Maria e Alessandra sentados à mesa tomando chá, enquanto as crianças, os filhos de Sandro, brincavam no grande salão.

Ele saudou a todos, procurou um lugar e sentou-se tomando parte da conversa, que girava em torno do desaparecimento do cunhado. Após o chá, todos se ergueram e foram se sentar em confortáveis sofás.

Alegre e como se tivesse vencido uma batalha, Cristina Maria disse:

– Pessoal, temos que rezar pelo Sandro, porque talvez, neste momento, ele já tenha passado dessa para uma melhor.

– Meu Deus, não gosto nem de imaginar que o meu filho morreu naquela situação – disse Maria Antônia, com ar de quem estava bastante preocupada.

– Querida, não podemos fazer nada. Fizemos o possível para ajudá-lo e agora só nos resta rezar para que ele não tenha morrido – disse Feitosa, com a mão no queixo em atitude de quem estava pensando em algo que somente ele sabia.

Alessandra não disse nada. Limitava-se apenas a ouvir, como se estivesse alheia a tudo, com o olhar fixo num ponto invisível.

Flávio caminhava inquieto pela sala, relembrando as últimas palavras de Valdomiro e enxergando nelas uma espécie de aviso para aqueles que estavam reunidos ali.

Cristina Maria olhou para o marido e falou aborrecida:

– Flávio, por favor, sente-se! Já estou ficando sem paciência ao vê-lo andando de um lado para outro, sem parar.

Como se estivesse sendo intuída por um ser invisível, Alessandra perguntou:

– Flávio, o que está acontecendo? Você quer nos dizer alguma coisa?

Todos se voltaram para o rapaz e esperaram uma resposta.

Ele respirou fundo e narrou tudo que havia conversado com o presidente do centro espírita que frequentava, evitando falar sobre o aviso que recebera.

Cristina Maria fez um ar de enfado e comentou:

– Você não tem jeito mesmo. De que serve contar os problemas da família para um desconhecido, se ele não tem especialidade alguma no assunto?

Maria Antônia olhou a filha e fez um gesto de reprovação.

– Continue, meu filho – pediu ela. – O que mais o sr. Valdomiro disse?

Alessandra encarou Flávio e suplicou, bastante interessada no assunto:

– Pelo amor de Deus, não nos esconda nada! Conte-nos tudo que ouviu, pois parece que você está nos omitindo algo.

– Se você tem algo para revelar, por favor, faça logo. Deixe de mistério – nervoso, pediu o sogro.

– Assim que Valdomiro terminou sua explanação sobre o problema de Sandro Luís à luz da Doutrina Espírita, uma entidade se manifestou através dele, acredito que tenha sido o mentor do centro espírita e disse: "Diga àqueles que convivem com você que ainda há tempo para ressarcirem as dívidas que devem ser pagas nesta existência".

– Bobagem, eu não acredito nessas coisas – disse Cristina Maria insegura.

– Eu não tenho nada para pagar – disse Feitosa, levantando-se e despedindo-se da família.

– Acho que chegou a hora de quitarmos nossas dívidas. Mesmo não sendo espírita, algo me diz que devemos muito, porque certamente infringimos bastante as leis de Deus – disse Maria Antônia com ar de quem estava cansada.

Alessandra permaneceu calada.

Os presentes foram se retirando, cumprimentando-se antes de se recolherem aos seus aposentos.

Flávio acompanhou a esposa até o quarto do casal.

Neste mesmo instante, distante dali, Sandro encontrava-se sentado na calçada de um prédio antigo. A partir desse momento, o prezado leitor já sabe o que aconteceu, inclusive como ocorreu o seu desencarne.

SANDRO ACORDOU

16º CAPÍTULO

Após o acidente, Sandro Luís ficou completamente perturbado e não compreendia que havia desencarnado. Gastava todo o tempo correndo de um lado para o outro da cidade, sem saber o que fazer, sem ter noção de tempo e espaço. Não tinha o menor entendimento do que estava acontecendo, pois nem sequer lembrava o próprio nome.

Chorava de fome, sede e frio. A vontade de usar drogas não o abandonava e sempre que pensava em entorpecentes ouvia urros, como se animais o caçassem. Então, apavorado, corria para tentar se afastar ao máximo daquelas feras que não o deixavam em paz.

Certa vez encontrou-se dentro de uma gaveta de metal, no interior de um grande refrigerador. Sufocado, congelando de frio, praticamente entrando em pânico, gritava por socorro sem que alguém o escutasse.

Havia momentos em que vagava como um louco pelos corredores de um grande hospital, sem parar um instante, tamanha a perturbação pela qual passava e outras vezes se via correndo e gritando atrás de um ônibus, como se não tivesse conseguido embarcar nele.

Certo dia observou pessoas com olhares diabólicos, que se assemelhavam aos mendigos com roupas esfarrapadas e sujas, tentando sugar algo em determinadas partes do corpo dele. Mesmo lutando para se libertar, não conseguiu e continuou preso àqueles malfeitores desencarnados.

Depois de muito tempo naquela situação, pela primeira vez em fração de segundos, ouviu alguém dizer: "Sandro, Deus abençoe a sua alma. Sua filha nasceu. Ela é linda e estaremos sempre juntos a você". Neste rápido momento de lucidez, ele pôde se enxergar e ver que mais parecia um monstro do que um ser humano – escorria sangue de seu nariz e de um corte na cabeça. Constantemente, da boca, dos ouvidos, do nariz e do centro de sua cabeça escapavam nuvens de fumaça preta.

Após algum tempo, Sandro Luís teve outro pequeno clarão de memória e percebeu que estava numa furna com lama podre até os joelhos. Nesse breve instante observou que naquele lugar havia criaturas com feições animalescas divididas em grupos de três, todas acocoradas enquanto fumavam em um cachimbo que ele conhecia muito bem. Espantou-se quando olhou para a entrada da caverna e viu pessoas enlouquecidas gritando e pedindo o "negócio". Entrando em pânico, saiu em disparada carreira até cair de cansado.

O sangue escorria aos borbotões do nariz e de pequenos furos nos braços. Chegavam até a segurá-lo, para que outras pessoas vorazmente sugassem aquele sangue.

Pouco a pouco, Sandro notou que os olhos se tornavam animalescos e as mãos cresciam e ganhavam pelos em excesso. Tentava descansar, mas seu desequilíbrio era tanto que não conseguia ficar muito tempo em um só lugar, sempre chorando e gritando como um louco.

Sem saber precisar quando, um dia sentou-se numa pedra e deu vazão a sua dor, passando a usufruir plenamente, naquele instante, de todas as suas faculdades mentais. Lúcido, pôde ver que ali onde estava havia sol, dia, lua, água e vegetação. Acompanhou com o olhar os animais caminhando e descobriu que aqueles seres eram humanos que se apresentavam nas mais diversas formas imagináveis. Aterrorizado, ajoelhou-se, levantou o rosto e clamou aos céus: "Meu Deus, ajude-me, por favor!". De repente uma pessoa apareceu ao seu lado e afagou-lhe a cabeça. Com esse gesto simples, ele adormeceu sem saber por quanto tempo e quando abriu os olhos se viu novamente na parada de ônibus que tão bem conhecia, sangrando e com a mesma roupa que usava no dia do seu atropelamento.

A partir de então, seu sofrimento tornou-se insuportável, visto que agora podia pensar com clareza e enxergar tudo o que acontecia ao seu redor.

Alguns meses se passaram e o padecimento aumentava à medida que tomava consciência do que fizera a si mesmo. Frequentemente ouvia preces de pessoas que ele não conhecia e então pensava: "Quem será que está orando por mim? Por que estão rezando por mim? Acho que vou enlouquecer, meu Deus! Como cheguei à essa situação? Eu queria um espaço para viver livre das conveniências sociais e, no entanto, só fiz coisas que feriram Suas leis".

E assim, Sandro Luís viveu oscilando entre a perturbação e o equilíbrio, sofrendo mais ainda nos momentos de sobriedade, porque tomava consciência das dores físicas e psicológicas pelas quais passava, até que a Misericórdia Divina se compadeceu de seu calvário e atendeu aos pedidos de várias criaturas encarnadas e desencarnadas, suplicados através de preces autênticas, que intercederam por ele.

Lourival, um dos mensageiros do Senhor, recebeu a missão de ajudar aquele espírito sofredor, levando-o para a "Casa de Misericórdia Deus e Amor", na Colônia Espiritual Luz Eterna.

Neste episódio de sua história, numa das cabines do sono, o nosso irmão Sandro Luís acordou.

Os médicos Karina e Paulo estavam com os olhos marejados de lágrimas ao desligarem os aparelhos. Permaneceram em silêncio durante alguns minutos, observando o amigo que despertava gradativamente de uma viagem ao passado, quando ainda estava encarnado.

Sandro abriu os olhos e contemplou aquela sala como se estivesse acordando de um pesadelo. Olhou à sua frente e viu duas pessoas que trajavam roupas diferentes – uma moça bonita e um rapaz muito simpático. Sem dizer nada, levantou-se e sentou-se na cama, foi quando observou que também usava roupas diferentes e estava molhado de suor, como se tivesse feito um grande esforço. Ficou quieto. Limitou-se a fitar o rapaz e a moça, aguardando o momento certo para dizer alguma coisa.

Sorrindo, Karina se aproximou dele e cumprimentou-o:

– Seja bem-vindo à "Colônia Espiritual Luz Eterna".

Dr. Paulo também se aproximou e perguntou-lhe:

– Não está mais nos reconhecendo, meu irmão?

O rapaz fechou os olhos por alguns segundos e assim que os abriu, pulou da cama e abraçou os amigos. Chorando, disse para os médicos:

– Graças a Deus estou com vocês novamente!

Paulo olhou para amiga e retrucou:

– Por que você diz isso?

– Agora, me lembro de tudo: a cabine, a enfermaria e o sono para rever minha última encarnação.

Repentinamente, o rapaz emudeceu. Karina e Paulo captaram os pensamentos dele, então ela sorriu e disse, num gesto gracioso:

– Você quer nos perguntar alguma coisa, Sandro? Não tenha vergonha.

– Como vocês conseguiram me acompanhar esses anos todos em que fiquei adormecido aqui, enquanto analisavam minha vida na íntegra?

Paulo olhou para a colega e em seguida para um aparelho que se assemelhava a um relógio, porém tão perfeito que na Terra não existe nada igual.

– Você dormiu exatamente durante trinta minutos, como marca aquele aparelho, que você pode chamar de relógio – respondeu o médico apontando para o tal instrumento.

– Não é possível que eu tenha vivenciado toda uma existência em questão de minutos!

– Exatamente, meu caro amigo. Nesta dimensão, o tempo e o espaço são conceitos completamente diferentes do que representam em mundos materiais, principalmente nos inferiores, como a Terra. Não se preocupe, querido. Aos poucos você vai entender o que agora lhe parece inacreditável – explicou Dra. Karina.

Logo, Sandro viu que a médica estendia uma espécie de pastilha para ele.

– Tome, meu irmão, coloque-a na boca. Esse é um alimento que vai ajudá-lo a repor as energias fluídicas perdidas durante o sono.

O rapaz colocou a pastilha na boca e imediatamente sentiu um gosto diferente e um leve tremor pelo corpo. Ele foi se acalmando e sentindo-se mais forte. Fitou os amigos e sorriu.

– Vocês acham que estou bem?

– Claro. Você está muito bem e não precisará mais repousar – respondeu Paulo.

– Por que você está dizendo isso? – perguntou Sandro. – Já houve alguma pessoa que saiu do sono e teve que permanecer em repouso?

– Muitas – a médica respondeu.

O médico tocou de leve no braço do amigo e o convidou para sair da cabine.

– Vamos sair, tomar um pouco de ar no jardim. Temos que pensar na função que você vai exercer enquanto estiver no mundo espiritual.

Sandro olhou para o colega e perguntou-lhe:

– É preciso levar um relatório da minha vida passada para o Dr. Antônio do Carmo?

Paulo e Karina entreolharam-se novamente e sorriram.

– Meu irmão, o Dr. Antônio é um espírito superior. Ele pediu à mentora, Maria Santíssima, para ficar trabalhando na psicosfera da Terra por mais algum tempo a fim de ajudar aqueles a quem chama de "filhos", como se fosse responsável por eles, simplesmente por amá-los – explicou o médico.

Dr. Paulo respirou fundo como se relembrasse um fato muito triste e prosseguiu sua elucidação:

– Ele tem conhecimento de tudo que acontece na Terra. Por isso, mesmo antes de você voltar para a pátria espiritual e ser internado nesta Colônia, o Dr. Antônio já conhecia toda a sua história.

– E por que ele se mostrou tão interessado na minha história?

– Para que ela seja divulgada entre os espíritos encarnados e até mesmo entre os desencarnados. O objetivo é alertá-los sobre o sofrimento pelo qual passam aqueles que se envolvem com entorpecentes e fazer com que procurem o caminho da libertação, ao aceitarem em seus corações o Pai Eterno e crerem na imortalidade do espírito. A falta de fé nesses dois princípios básicos é responsável pela aproximação dos espíritos inferiores que disseminam esse mal em todo o mundo.

Ainda conversavam quando Dr. Antônio do Carmo apareceu entre eles, saudando-os e abraçando com afeto Sandro Luís. Em seguida, o venerável diretor do hospital comentou:

– Que Deus o abençoe, meu filho. Prepare-se, porque sua primeira tarefa será ir para a Terra orientar os seus familiares, antes que seja tarde demais. Esse é um trabalho muito difícil, entretanto sabemos que o coração é sua grande arma. Você só precisa fortalecer mais o caráter e a personalidade, para não ser um joguete nas mãos dos irmãos que ainda não encontraram o farol deixado por nosso Senhor Jesus Cristo.

Sandro estava em êxtase e no momento em que ia falar, percebeu que Dr. Antônio havia se retirado, porém ainda o ouviu dizer: "Depois conversaremos sobre esse assunto". Então, olhou para Karina e Paulo e os viu sorrindo.

Em seguida, foi aconselhado pelos amigos a repousar, pois no dia seguinte participaria de uma reunião onde estariam presentes os doutores Antônio do Carmo, Paulo e Karina, além de vários trabalhadores da Colônia, principalmente os do hospital "Casa de Caridade Deus e Amor". A reunião iria tratar de assuntos relativos às tarefas que todos desenvolveriam nos próximos meses, para que pudessem atender aos vários pedidos vindos da Terra. Também soube que todas essas súplicas eram catalogadas e que priorizavam os casos mais urgentes.

A REUNIÃO

17º CAPÍTULO

Como ficara combinado, no dia seguinte Sandro encontrou-se com os amigos num corredor, a caminho do local da reunião.

Caminharam durante alguns minutos até que chegaram numa grande porta de cor indefinida. Aguardaram por alguns instantes até que ela se moveu levemente e foi aberta para que eles adentrassem o ambiente.

Os médicos espirituais notaram que o amigo ficara intrigado. Imediatamente, Dr. Paulo explicou:

– Há um dispositivo eletrônico nessa porta que facilita a leitura automática das energias fluídicas de cada pessoa que tenta ultrapassá-la. Os espíritos das zonas umbralinas sempre tentam invadir a Casa de Misericórdia, portanto toda a Colônia é cercada por um moderno aparelho de segurança, que até hoje é desconhecido na Terra.

– Quer dizer que aqui também se faz necessário o uso de segurança contra roubos?

Os médicos sorriram e a moça respondeu:

– A segurança à qual nos referimos é outra.

– Se não é segurança contra roubo, então para que serve?

– Para o bem-estar da colônia, evitando as investidas dos irmãos das zonas infernais à população que temporariamente habita estas pequenas cidades espirituais, que abrigam os irmãos doentes recém-desencarnados em mundos inferiores.

Sandro fitou os amigos e fez um sinal demonstrando que havia entendido as elucidações.

Já no grande salão, percebendo a surpresa do amigo, Dr. Paulo apressou-se em explicar:

– Esse é o grande Salão Azul, usado para a realização de reuniões que tratam de assuntos importantes, referentes ao bem-estar do pessoal que habita esta colônia.

Em sua observação, Sandro viu que o salão era redondo, com paredes pintadas de azul, protegidas por um material idêntico ao vidro que refletia luz para o ambiente e formava um belo quadro. A temperatura não se alterava se comparada com a exterior. O salão estava rodeado por telões semelhantes aos das cabines do sono. Ele também verificou que no meio do grande salão havia uma mesa hexagonal, com vários assentos dispostos ao redor.

Paulo e Karina olhavam de soslaio para o amigo e perceberam o espanto com que observava.

Sandro Luís também se surpreendeu com a quantidade de pessoas que chegavam e procuravam seus lugares, como se estes tivessem sido previamente numerados e reservados.

– Vamos, Sandro, procurar nossos lugares? – convidou a médica com doçura na voz.

– Posso me sentar em qualquer cadeira?

– Não. O seu lugar já está reservado.

– E onde devo ficar, Karina?

– Não é preciso que eu mostre. À medida que você for se aproximando da mesa, o guia lhe indicará seu lugar.

– Então, alguém guia os participantes da reunião?

– Não. O guia ao qual me refiro é um aparelho que fica no alto, bem no centro do salão, guiando e vigiando todos os nossos passos. Você não terá dificuldade para chegar ao seu assento.

Sandro se calou, bastante impressionado com aquela tecnologia jamais vista na Terra.

Encaminhou-se à mesa e sem perceber acomodou-se em um assento. Ficou um pouco nervoso ao verificar que havia muita gente. Também observou curioso que, num certo local ainda vazio, localizado na parte mais alta da grande mesa, a maioria das pessoas fitava-o com insistência.

Sandro começou a se sentir bem e à medida que ficava mais à vontade, pôde vislumbrar os rostos das pessoas e observar que todas se cumprimentavam e tornavam o ambiente mais saudável e alegre. Ele procurou os amigos com o olhar e, para sua surpresa, encontrou ambos sentados ao seu lado.

De repente ouviram um toque suave, vindo do lugar semelhante a uma tribuna. Os olhares se voltaram para o local e observaram que alguns espíritos importantes daquela colônia aproximavam-se e tomavam seus lugares de honra.

O rapaz ouviu o guia anunciar as personalidades que chegavam, como se fosse uma voz interna:

– Meus queridos irmãos, filhos de Deus, estão chegando os convidados que participarão conosco da reunião anual.

O espírito do ex-viciado continuou quieto e limitou-se, a partir daquele momento, a prestar atenção à reunião.

O guia falou no íntimo de cada um o nome das pessoas que se sentaram nos lugares de destaque:

– Estamos recebendo o Dr. Antônio do Carmo, diretor geral do hospital "Casa de Misericórdia, Deus e Amor", e como convidado de honra, o irmão José Mariano, representante da "Colônia Espiritual Luz Eterna".

Sandro Luís pensou: "Por que será que o dirigente da Colônia não veio pessoalmente?". No mesmo momento ouviu alguém responder telepaticamente ao seu questionamento: "Meu irmão, o dirigente é um espírito muito elevado e raríssimas foram as vezes, durante os últimos dois mil anos, que veio pessoalmente a este lugar. O dirigente só esteve duas vezes aqui: na criação da Colônia e na inauguração da 'Casa de Misericórdia Deus e Amor'".

Depois dessa elucidação, Sandro procurou se concentrar na reunião.

Antônio do Carmo ergueu-se, parecia flutuar, e com gestos das mãos saudou os membros da assembleia.

– Que o nosso Pai Misericordioso esteja conosco e que o nosso irmão e amigo, o Amado Mestre Jesus, e a Nossa Mãe Maria Santíssima, permitam que possamos realizar esta reunião sob a guarda de suas bênçãos.

Antônio refletia uma luz intensa, transmitindo algo que causava um grande bem-estar aos presentes. Ele deu continuidade à preleção:

– Meus filhos, sejam bem-vindos a esta singela assembleia, na qual iremos definir e transferir algumas responsabilidades de urgência para aqueles que estão querendo, de boa vontade, servir a Deus, ao Cristo e a nossa Mãe Maria Santíssima.

Fez uma pausa, enquanto sentia o efeito de suas palavras, e prosseguiu:

– Cada um de vocês poderá arquivar na memória perispiritual a sua tarefa específica, com a ajuda dos nossos auxiliares, à medida que eu for falando.

Assim que olhou para Karina e Paulo, Sandro entendeu que deveria ficar quieto e prestar atenção ao que seria informado.

Neste momento, um fenômeno até então presenciado por pouquíssimas pessoas se iniciou: enquanto o diretor falava, cada um dos membros da assembleia ouvia somente o que era de seu interesse, em relação à própria tarefa a ser cumprida.

Sandro escutava atenciosamente o que o diretor lhe dizia e lutava para não chorar.

– Meu filho Sandro, você vai fazer um pequeno estágio na Colônia durante um mês, que se constitui basicamente na visita a lugares onde terá que conhecer os perigos da matéria que podem subjugar o espírito. Em seguida, passará um tempo indeterminado na Terra, em espírito, para cumprir uma missão junto aos necessitados daquele mundo sofredor, principalmente à sua família. Posteriormente, você ouvirá na íntegra toda a tarefa que deverá desempenhar; por isso, prepare-se muito bem, porque há um trabalho árduo o aguardando, assim como muita gente esperançosa na misericórdia divina também o aguarda como um verdadeiro mensageiro do Senhor. Seja digno de ser filho do Pai Altíssimo e vença seus obstáculos, para o bem do planeta Terra.

Sandro, que até então estava de cabeça baixa, ergueu-a e tentou olhar para aquela entidade, mas não conseguiu, pois nesse momento o Dr. Antônio resplandecia. De tão belo, o rosto dele estava irreal e de suas mãos partiam raios que circulavam através das cabeças de todos os presentes ao redor daquela mesa.

Por fim, todos ouviram Antônio despedir-se:

– Vão com Deus, Jesus e Maria de Nazaré.

Sandro levantou os olhos lentamente e viu que o diretor e os convidados haviam se retirado. Depois também notou cada um dos integrantes daquela belíssima reunião se afastando.

– Meus amigos, vamos nos sentar um pouco no jardim, para acertarmos alguns detalhes das nossas tarefas? – convidou o médico.

No jardim, após todos se acomodarem, Sandro perguntou ansioso:

– Posso fazer uma pergunta a vocês?

– Claro, meu querido – respondeu Karina.

– Vocês também receberam tarefas?

– Nesta Colônia, todos que estão em condição de trabalhar têm tarefas, que são distribuídas duas vezes ao ano, em dia e hora marcada pelo Dr. Antônio do Carmo.

– Então, vocês também receberam uma missão?

– Recebemos e muito árdua. – respondeu Paulo. – Vamos reencarnar novamente para cumprir esta missão no mundo corporal.

Sandro calou-se pensativo, mas logo em seguida, perguntou-lhes:

– Por que vocês vão reencarnar? Foi uma determinação do diretor?

– Meu irmão, no nosso caso, não somos mais obrigados a reencarnar por imposição, todavia estamos no mundo espiritual há mais de cinquenta anos, então chegou a hora de voltarmos ao corpo de carne para continuarmos o nosso aprendizado na matéria.

O espírito Sandro Luís começou a entender e perguntou novamente:

– Ainda vou me preparar para reencarnar novamente?

– Você já está em condições de reencarnar, mas não é aconselhável que isso aconteça por enquanto, pois você ainda tem que incorporar ao seu subconsciente perispiritual o máximo de força e aprendizado que puder, para não falhar na próxima existência – explicou Paulo.

– É por isso que vocês passaram todo esse tempo na espiritualidade?

– Exatamente, meu amigo – respondeu a médica.

O espírito fitou os amigos, estava envergonhado, pois desejava fazer mais perguntas, entretanto Karina leu os seus pensamentos e indagou-lhe:

– O que você ainda quer perguntar, meu irmão?

– Vocês acham que estou preparado para cumprir essa missão na Terra, como espírito errante?

– Tudo vai depender de você – alertou a amiga.

– Se eu não cumprir essa missão, o que pode acontecer comigo?

–Você voltará para a pátria espiritual completamente desequilibrado e precisará fazer outro tratamento.

– Já aconteceu isso com algum espírito? – questionou o rapaz preocupado.

– Várias vezes, meu irmão – respondeu Paulo.

Karina ficou em silêncio por alguns instantes, refletindo se poderia aconselhar o amigo, e então resolveu se explicar melhor:

– Sua missão é muito difícil e perigosa. Como vai viver entre os viciados encarnados e desencarnados da Terra, em espírito, e também junto à sua família, vai perceber muita coisa que os encarnados não conseguem enxergar.

A bonita e simpática médica olhou para o amigo e tentou captar sua reação. Notando que ele não se alterava, deu seguimento à explanação:

– Meu irmão, será preciso que você tenha muita força de vontade, fé em Deus e equilíbrio para enfrentar os problemas que o esperam.

– E o estágio?

A médica olhou de viés para Dr. Paulo e respondeu-lhe:

– Precisamos nos preparar, a fim de ficarmos em condições de assumir nossas tarefas.

Sandro Luís passou a mão na cabeça, dando a entender que não havia entendido muito bem o comentário da colega médica.

– Karina quer dizer que precisamos mostrar no estágio se podemos exercer as tarefas incumbidas pelo Dr. Antônio do Carmo.

Sandro sorriu e disse-lhes:

– Farei o possível para mostrar que tenho condições de vencer as dificuldades que encontrarei pela frente: no estágio e no cumprimento de minha missão.

Os amigos sorriram e se encaminharam para a Enfermaria Maria Santíssima.

O ESTÁGIO

18º CAPÍTULO

No dia seguinte à reunião, Sandro encontrava-se sentado num banco do belo e confortável jardim, pensando em tudo que havia acontecido consigo, quando ouviu alguém falar. Ele voltou a cabeça para o lado de onde partiu a voz e descobriu que era de sua amiga, Dra. Karina, que estava acompanhada do Dr. Paulo.

– Sandro, vamos? – convidou a médica, sorrindo e o abraçando, demonstrando que estava feliz.

– Para onde, Karina?

Dr. Paulo enlaçou o amigo pelos ombros e também começou a rir.

– Do que vocês estão rindo? – perguntou Sandro sério.

– Ora, irmão, já esqueceu do estágio? Teremos que fazê-lo para podermos reencarnar e você para cumprir sua missão, em espírito, como ficou combinado ontem na reunião – respondeu a moça, segurando a sua mão.

– Pessoal, desculpe-me – disse Sandro Luís. – Estou tão ansioso que não me lembrei do estágio.

– Então, irmão, vamos? – convidou Paulo. – Tudo já está

pronto para iniciarmos a nossa tarefa, conforme a ordem do Dr. Antônio do Carmo.

– Estou pronto. O que devo fazer?

– Vamos fazer uma prece e seguir em frente. Passaremos algumas semanas estudando e praticando, para tentarmos cumprir nossas missões na Terra.

– Por onde começamos? – perguntou o principiante.

Karina olhou para Paulo e ambos sorriram, enquanto iniciavam a caminhada, seguidos pelo amigo.

Após várias horas de caminhada, fizeram uma parada. Todos respiraram profundamente e ingeriram uma espécie de comprimido.

Sandro tinha vontade de fazer várias perguntas, contudo se conteve e deixou que os amigos lhe dessem alguma explicação quando chegasse o momento certo.

– Meu irmão, começaremos nosso aprendizado – avisou o médico.

– Aqui temos de nos separar, pois o seu estágio é diferente do nosso – disse Dra. Karina abraçando o rapaz.

– Não me digam que vou ficar sozinho neste lugar esquisito? – perguntou o aprendiz.

– Logo, alguns instrutores vão chegar – explicou a moça. – São eles que nos apresentarão tudo o que for necessário para enriquecermos nossos conhecimentos.

Dra. Karina desviou o olhar e apontou para um grupo que se aproximava.

– Vejam! Os instrutores estão chegando!

– Que a paz do Mestre Jesus esteja conosco – saudou um deles abraçando-os, inclusive Sandro Luís.

As outras dez pessoas que o acompanhavam também saudaram os médicos, Sandro e mais alguns espíritos que os esperavam naquele lugar.

Após as apresentações, os instrutores e seus respectivos estagiários seguiram caminhos diferentes.

Os médicos, Paulo e Karina, se despediram de Sandro e seguiram um rapaz, também médico, que seria o instrutor deles.

Sandro observou um grupo de espíritos e os amigos se afastarem, até não enxergá-los mais. "E agora, o que irei fazer sozinho nesse lugar esquisito?". De repente sentiu uma mão pousar em seu ombro.

– Vamos, irmão?

Sandro verificou quem falava com ele e ficou em silêncio. Era uma mulher simpática, de aparência agradável, que aparentava ter uns vinte e oito anos e carregava um lindo sorriso nos lábios, iluminando seu belo rosto. Ela apresentou-se.

– Eu me chamo Rebeca. Minha missão é servir de instrutora a esse grupo e levá-lo aos lugares julgados necessários, onde terão instruções complementares ao conhecimento de vocês.

Desconfiado, Sandro fitou a bela moça e refletiu por alguns segundos, depois perguntou:

– A que grupo a senhora se refere, irmã?

Rebeca sorriu e pediu-lhe:

– Olhe para trás, por favor.

O rapaz voltou-se e viu cinco pessoas atrás dele, todos em fila indiana e em silêncio. Ele baixou a cabeça envergonhado.

– O nosso grupo é formado por sete pessoas, contando comigo – informou Rebeca, notando que os outros também esperavam por uma explicação.

Ela fez uma pequena pausa e fitou o céu como se naquele momento estivesse fazendo uma prece. Depois, com um sorriso, pediu aos participantes do grupo:

– Por favor, peço que cada um se apresente, dizendo o seu nome.

Todos fizeram um círculo ao redor de Rebeca e começaram a se apresentar.

– Podem me chamar de Damião.

– Eu sou o Pedro.

– Quem quiser, pode me chamar de Joana.

– Meu nome é Fernão.

– O meu é Tomaz.

Sandro estava quieto, observando o começo de uma operação que prometia novidades. Ele também se apresentou:

– O meu nome é Sandro Luís.

A linda instrutora Rebeca comentou:

– Bem, como vocês já sabem meu nome e se apresentaram, podemos seguir em frente. Durante todo o percurso pelos lugares que visitaremos, conversaremos a respeito do que vamos encontrar pelo caminho.

Todos começaram a caminhar e assim que chegaram aos portões da Colônia, estes foram abertos para que a pequena caravana pudesse sair dos seus domínios.

Imediatamente, Sandro percebeu que a paisagem da cidade espiritual era diferente daquela onde estava adentrando, principalmente o ar, que se tornava mais poluído e pesado à medida que eles se afastavam das muralhas da Colônia.

– Irmã Rebeca, não estou me sentindo bem – informou Sandro. – Começo a sentir um cheiro que não sinto há muito tempo.

Rebeca sorriu e disse com doçura na voz:

– Meu irmão, o propósito dessa viagem é exatamente esse. Temos de passar nas zonas dos viciados e é por isso que você está sentindo esse cheiro desagradável e conhecido.

– Não sei se vou aguentar – falou Joana também sentindo um mal-estar.

Joana era uma moça muito bonita e de traços finos, que aparentava ter, aproximadamente, dezenove anos.

– Acalme-se, querida. Se você não estivesse preparada para essa empreitada, o Dr. Antonio do Carmo não a teria incluído nesse estágio.

Sandro sentiu falta de ar, entretanto, assim que fez uma prece, a sensação passou e ele melhorou.

Rebeca encarou o aluno e incentivou-lhe:

– É assim mesmo, irmão. Devemos falar com Deus através da prece sempre que nos sentirmos mal. Esse é o remédio ao qual temos que recorrer toda vez que for necessário.

Fernão suava bastante e sentia gotículas do suor descer pelo rosto, enquanto suas mãos ficavam frias e úmidas. Estava ansioso e respirava com dificuldade.

Rebeca notou e pediu-lhe:

– Meu irmão, reaja como o Sandro. Faça uma prece e logo você estará em condições de seguir viagem.

Fernão era um rapaz de cor morena, idade de vinte e oito anos e magérrimo, com um aspecto doentio, mas muito determinado a terminar o estágio. Ele seguiu o conselho da instrutora e fez uma prece, melhorando em seguida.

Caminharam mais um pouco e chegaram num casarão cercado com fios elétricos – ao menos era essa a impressão de

Sandro –, que servia para proteger o local das investidas dos maus espíritos.

O grupo parou em frente ao casarão.

Rebeca começou a explicar para que servia aquela casa:

– Esta edificação é um pronto-socorro avançado da nossa Colônia Espiritual. Aqui, nós recolhemos os irmãos necessitados, antes que os mesmos sejam enviados para um tratamento adequado na Colônia – disse ela. – Essa é a função deste posto, ou seja, prestar os primeiros socorros aos irmãos em estado precário.

– O que viemos fazer aqui? – perguntou Sandro meio sem jeito.

– Iremos nos hospedar nessa casa por hoje, enquanto nos refazemos da caminhada, a fim de seguirmos o programa que está destinado a nós.

Damião perguntou:

– Rebeca, você acha que conseguiremos chegar até o fim dessa jornada?

– Claro, meu irmão.

O portão se abriu e duas pessoas, como se fossem seguranças, vieram recebê-los.

– Irmãos, sejam bem-vindos à Casa de Socorro de Maria.

Todos os saudaram e agradeceram a recepção.

Rebeca abraçou aqueles trabalhadores da Seara do Mestre e os informou:

– Túlio e Mário, repousaremos até o amanhecer e depois reiniciaremos nossa caminhada.

– Fique à vontade, Rebeca. Se precisar de nós, estaremos à inteira disposição de vocês.

A instrutora aproveitou o diálogo e apresentou os estagiários ao restante do grupo.

Ao entrarem no casarão, encontraram um clima completamente diferente daquele lá de fora. Todos foram encaminhados para alojamentos, onde puderam descansar e absorver energias puras antes de iniciarem os respectivos trabalhos.

Após descansarem alguns minutos e guardarem seus pertences, todos foram para a sala onde seria servida uma alimentação própria para a ocasião.

Rebeca conversava com um homem de aspecto simpático que aparentava ter uns trinta anos. E quando avistou o grupo, prontamente apressou-se em apresentá-lo:

– Meus queridos, este é o irmão Alberto, diretor da Casa de Socorro de Maria.

Alberto levantou-se, abraçou e saudou o grupo.

– Fiquem à vontade, meus irmãos. Sentem-se, enquanto esperamos nossa alimentação.

Sandro estava calado, mas desejava fazer algumas perguntas.

Como se adivinhasse os pensamentos do rapaz, Alberto fitou-o e disse-lhe:

– Irmão, fique à vontade. Perguntas também fazem parte do aprendizado.

O estagiário ficou meio sem jeito, mas não aguentou e questionou:

– Irmão Alberto, nós fazemos parte de um grupo de sete pessoas, dirigido pela nossa irmã Rebeca. Estou curioso para saber qual foi o critério usado para a seleção desses integrantes, pois sei que foi independente de nossa vontade.

– Entendo a sua dúvida, irmão.

Alberto encarou o espírito e os demais que se encontravam na confortável sala e fez uma pequena explanação:

– Meus queridos irmãos, vocês perceberam que todos aqueles que estão estagiando foram divididos em grupos, com o objetivo de reencarnar ou seguir para os Mundos Inferiores, em espírito, e assim cumprirem suas missões.

Alberto fez uma pequena pausa e continuou:

– Os grupos foram formados por técnicos especializados no assunto conforme a similaridade entre os problemas de vocês.

Ele fez mais uma pausa, tomou um pouco do líquido que estava sobre a mesa localizada no centro do círculo que se formava e continuou, observando o teto da casa:

– Suicídios voluntários e involuntários, vícios, crimes, corrupção e outros foram os critérios adotados para reunir os irmãos em grupos, conforme o caso de cada um.

Alberto silenciou. Depois perguntou:

– Será que me fiz entender?

– Entendemos, irmão – disse um estagiário.

Sandro levantou a mão e perguntou:

– No meu caso foi um suicídio involuntário, causado pelo vício das drogas. Esse é o caso dos demais?

– Não necessariamente. Alguns de vocês estão nesse grupo também por terem sido assassinos e suicidas voluntários.

– É o meu caso, irmão? – perguntou Fernão.

– Exato.

– Eu era viciada e desencarnei através de um acidente de carro, quando estava bêbada e drogada. Também posso ser considerada uma suicida involuntária? – perguntou Joana.

– Sim, irmã. Você desencarnou antes do tempo programado para voltar ao mundo espiritual.

Rebeca, que até então estava em silêncio, pronunciou-se:

– Bem, meus irmãos, com esses exemplos e a explanação do nosso querido irmão Alberto, acho que não há mais dúvidas quanto à formação desse grupo.

A moça pensou um pouco, ergueu-se e confidenciou aos seus alunos, melancólica:

– Depois de ter matado meu namorado por ciúme, eu também desencarnei através de um suicídio involuntário. O meu caso é muito grave, todavia, graças a Deus, estou quase recuperada e pronta para mais uma etapa na vida corporal, embora ainda tenha que trabalhar muito para conseguir êxito numa próxima reencarnação.

Todos ficaram calados e cabisbaixos, pensando no fato que os unia.

Assim que amanheceu, Rebeca verificou se todos os alunos estavam prontos e em condições de seguir viagem.

Eles despediram-se dos moradores do pronto-socorro e voltaram a caminhar, deixando para trás a Casa de Socorro de Maria.

ZONA UMBRALINA

19° CAPÍTULO

Após alguns minutos de caminhada, adentraram em uma névoa densa, que tornava aquela paisagem lúgubre e o ar escasso e insuportável, fazendo com que os caravaneiros passassem mal.

Rebeca gesticulou, pedindo que parassem. Colocou-se de frente para o seu pessoal e informou:

– A partir de agora, é necessário que tomemos o máximo de cuidado, pois estamos numa zona onde os espíritos inferiores se tornam mais perigosos. Eles procedem como alienados mentais e se comportam como verdadeiros animais. São conhecidos por aqui como "bandidos do além" ou espíritos maléficos.

Tomaz, um rapaz muito alto e esquisito, porém simpático, aproveitou para perguntar:

– Que lugar é este, irmã Rebeca?

Rebeca pensou, tentando formular uma resposta plausível e respondeu-lhe:

– Este tipo de lugar é formado pelos fluidos deletérios de mentes invisíveis e visíveis que ainda convivem no mal.

– Irmã, ainda não entendi.

Rebeca encarou Tomaz, baixou a cabeça e novamente fitou o rapaz. Em seguida, calmamente perguntou-lhe:

– Você tem conhecimento de uma Doutrina codificada por Allan Kardec, a Doutrina Espírita, elaborada pelos espíritos superiores, sob a supervisão do Espírito de Verdade?

– Sim. Conheço a Doutrina Espírita, mas ainda não me aprofundei no seu estudo.

– Pois, meu irmão Tomaz, essa Doutrina é maravilhosa, exatamente pelas informações que nos oferece e por seu objetivo principal, que é a reforma íntima do ser humano.

Rebeca observou que o grupo permanecia em silêncio e atento ao diálogo. Ela fitou os companheiros e disse-lhes:

– O item 129, capítulo oitavo da segunda parte de "O Livro dos Médiuns", um dos livros que compõem as obras básicas da Doutrina Espírita, informa: "*(...) o Espírito age sobre a matéria; haure na matéria cósmica universal os elementos necessários para formar, à sua vontade, objetos tendo a aparência de diversos corpos que existem na Terra. Pode igualmente operar sobre a matéria elementar, por sua vontade, uma transformação íntima que lhe dá propriedades determinadas. Esta faculdade é inerente à natureza do Espírito que, frequentemente, a exerce como um ato instintivo quando isso é necessário e sem se dar conta disso. Os objetos formados pelo Espírito têm uma existência temporária, subordinada à sua vontade ou à necessidade; pode fazê-los e desfazê-los à sua vontade. Esses objetos podem, em certos casos, ter aos olhos das pessoas vivas todas as aparências da realidade, quer dizer, tornarem-se momentaneamente visíveis e mesmo tangíveis. Há formação, mas não criação, uma vez que o Espírito não pode nada tirar do nada*".

– Então, tudo que observamos nas cidades espirituais é formado pelas emanações fluídicas dos espíritos?

– Exato. Assim como há belas paisagens na Colônia, agora vocês conhecerão o que os espíritos sofredores construíram.

Todos permaneceram em silêncio.

Rebeca fez um gesto com a mão e voltaram a caminhar.

À medida que penetravam naquele lugar horrível, eles observavam coisas inacreditáveis diante das quais qualquer cristão compreenderia imediatamente o significado do ensinamento do Mestre Jesus que diz "*orai e vigiai para não cairdes em tentação*".

Sandro ouvia gemidos, gritos, súplicas, blasfêmias e, às vezes, urros que pareciam ser de animais ferozes. No mesmo instante, começou a relembrar a época em que viveu naquelas paragens infernais.

Rebeca ouviu os pensamentos do irmão Sandro e informou:

– Meu querido, eu fui umas das pessoas que ajudou você a sair deste lugar onde estamos.

– Rebeca, você trabalha aqui desde aquela época?

– Sim, estou nesta Colônia há mais de vinte anos. Sandro, você teve sorte, pois seu único mal foi ter destruído o corpo material através das drogas, que também já afetavam seu perispírito. Porém, o bem que fez por nossos irmãos necessitados foi muito maior do que o mal que causou a si mesmo.

– Não entendo, Rebeca.

– A todo instante recebíamos fluídos benéficos e salutares

de pessoas que você ajudara, o que auxiliou substancialmente na sua recuperação.

A instrutora refletiu um momento e prosseguiu, com os olhos cheios de lágrimas:

– Não me recordo de ter feito o bem a alguém. Só consigo enxergar que sempre estava voltada para o meu orgulho, alimentando meu egoísmo e transformando os fluidos puros, enviados por Deus, em veneno. Somente a prece daqueles que oram pelos espíritos sofredores chegava até mim e ajudava os engenheiros siderais no meu restabelecimento.

Ao ver a colega chorando, Sandro abraçou-a e a consolou:

– Rebeca, Deus não desampara Seus filhos e você muito tem lutado pela recuperação daqueles que chegaram à Colônia necessitados de cuidados, por isso hoje há muita gente que ora por você.

Rebeca correspondeu ao abraço do amigo, sob o olhar dos demais, que também choravam tocados por aquele momento, envolvidos por fluidos benévolos.

A instrutora se recompôs e explicou:

– Esses gritos e choros que vocês estão ouvindo são provenientes daqueles envolvidos por pensamentos maléficos e que ainda não se conscientizaram de que estão desencarnados.

Eles continuaram a caminhada, quando, repentinamente, avistaram várias pessoas dentro de uma grande poça de lama, que levantavam as mãos para o céu e falavam coisas desconexas, em estado lastimável.

Todos olharam assustados para Rebeca.

A instrutora notou que eles queriam explicações.

– Mantenham suas mentes voltadas para o bem. Só o bem

foi criado por Deus e o restante é fruto da nossa ignorância de espíritos imperfeitos – alertou ela.

Após algum tempo em silêncio, como se estivesse fazendo uma prece, a moça explicou-lhes:

– Os infelizes que estão naquele charco viveram afastados de Deus, voltados somente para os seus próprios interesses, até o dia em que tiveram que retornar ao mundo espiritual.

– Por que eles estão dentro desse lamaçal? – perguntou Joana.

– Eles acreditam que essa lama é ouro e que cada um está guardando o seu tesouro.

– Meu Deus, isso é possível? – perguntou Pedro, surpreso com aquele espetáculo macabro.

– Tudo é possível, meu irmão, menos transgredir as leis de Deus sem que haja consequências através da lei de ação e reação – respondeu a instrutora com o olhar fixo naquele lugar.

A moça posicionou os estagiários em círculo e avisou-lhes:

– Lembrem-se de que o estágio de vocês já começou, portanto anotem ou gravem tudo que acharem importante. Estamos neste lugar para estudarmos o comportamento desses irmãos infelizes, a fim de que não venhamos a repetir os mesmos erros que ora presenciamos.

Após um breve instante de meditação, ela pediu:

– Continuemos em prece e vamos em frente.

O grupo observou que a vegetação do lugar era seca, como se tivesse sido queimada. Não havia folhas nas árvores e as pontas dos galhos apontavam para cima, semelhantes a braços humanos ressequidos.

Após mais alguns minutos de caminhada, desembocaram num lugar ermo, onde havia várias pessoas estáticas e outras que se movimentavam com dificuldade. Eles aproximaram-se das criaturas e notaram que aquelas que estavam paradas mantinham os olhos fixos em algo invisível e as que caminhavam com passos incertos pareciam não ter aonde ir. Daquele lugar evaporava um cheiro horrível, o que obrigava a caravana a usar pequenas máscaras para cobrir o nariz e a boca.

Ninguém tinha coragem de perguntar que lugar era aquele.

A instrutora pediu que fizessem mais uma parada. Ela verificou novamente se todos estavam bem e depois explicou:

– Meus queridos irmãos, chegamos ao campo dos viciados.

– Em qualquer tipo de droga? – perguntou Damião, com os olhos arregalados de medo ou de surpresa.

– Exatamente – respondeu a instrutora.

– Quer dizer que o fumante também é considerado um viciado? – questionou o rapaz.

– Sim. Qualquer substância química, das mais simples até as mais sofisticadas, fabricada com o intuito de alienar os seres humanos, é considerada uma droga nociva.

– Usei vários tipos de entorpecentes, como cocaína e heroína. Fumava apenas por divertimento – comentou Damião. – Então, você quer dizer que o cigarro tinha o mesmo efeito nocivo da cocaína e da heroína?

– O efeito devastador no corpo físico e espiritual é o mesmo, com a diferença que os entorpecentes proibidos aceleram a decadência física, psicológica e moral, e em pouco tempo deixam sequelas irreversíveis, em virtude do terrível domínio que exercem sobre o ser humano.

Sandro se surpreendeu com aquele comentário e resolveu perguntar:

– Irmã, eu fumei cigarro, ingeri bebidas alcoólicas e usei drogas pesadas. Existe alguém aqui, neste campo, que tenha feito o mesmo?

– Você realmente está preparado para ver alguém no estado em que você estava antes de ser resgatado?

– Estou.

– Olhe para o chão deste vale, por favor.

– Não vejo nada, a não ser algumas bolas semelhantes a ovos gigantes, não consigo enxergar exatamente o que são. Parece ser o tronco de uma pessoa, além de coisas indefiníveis para os meus olhos.

– Você vê aquela forma grotesca parecida com o tronco de um ser humano?

– Sim.

– Aí está alguém que é o que você já foi.

– Rebeca, ajude-me! Estou perdendo os sentidos – disse ele empalidecendo e com dificuldade para respirar. – Ajude-me, por favor!

– Sandro, levante os olhos para o céu e peça ajuda a Deus.

Desesperado, ele fez uma prece:

– Meu amado Pai e querido Mestre Jesus, ajudem-me, por favor! Só agora entendo a gravidade dos atos que cometi contra as Suas leis, meu Pai! Perdoe, Senhor, este pobre ser imperfeito!

Neste momento, Dr. Antônio do Carmo apareceu, iluminando aquelas paragens.

– Meus filhos, este estágio é uma forma de aprender algo que ficará gravado em suas memórias perispirituais, para que vocês possam ensinar e ajudar aos nossos irmãos encarnados – disse o venerando espírito, com sua calma habitual. – Meu filho Sandro, preocupe-se com o seu presente, pois o futuro depende da sua realidade. Que a paz do Mestre esteja com todos.

Antes de deixar o local, o médico aproximou-se de Rebeca e abraçou-a.

– Minha filha, que Deus a abençoe!

Em seguida desapareceu, deixando um perfume no ar e muita paz para o grupo de estagiários.

Sandro ficou introspectivo e pensativo.

– Você está bem, meu irmão? – perguntou a instrutora.

– Sim. Só estou comovido e pesaroso por causa do sofrimento de meus irmãos, que ainda não puderam ser resgatados como eu fui.

Todos permaneceram em silêncio, como se estivessem fazendo uma prece.

– Vamos seguir adiante, meus irmãos – convidou a instrutora.

No decorrer de vários dias conheceram os lugares onde os espíritos sofredores e afins se encontravam e permaneciam, durante anos, alienados aos seus defeitos e crimes cometidos contra as leis do Senhor do Universo. Enfim, chegaram a uma pequena casa muito iluminada, cercada por fios prateados de todos os lados.

Rebeca apontou para a casa e avisou-os:

– Esta casa será o nosso ponto de apoio. Aqui, vamos repousar e recompor as energias.

Assim que o grupo se aproximou de um portão, este se abriu e eles tiveram que ultrapassá-lo rapidamente, pois viram pessoas animalizadas querendo invadir o local e gritando:

– Vamos acabar com vocês, seus ingratos!

– Estamos sofrendo e vocês não nos ajudam!

– Estamos com fome, sede. E vocês, que se dizem bons, não querem nos ajudar!

Após a entrada do grupo, um senhor ainda jovem veio dar as boas-vindas.

– Que a paz do Senhor esteja conosco.

Rebeca cumprimentou o amigo com um abraço e depois apresentou os estagiários.

– Irmão José, este é o grupo que veio fazer um estágio nas zonas de sofrimento, onde os irmãos que infringiram as leis do Senhor tentam expurgar os venenos impregnados em seus corpos perispirituais.

Irmão José assentiu com a cabeça e com um sorriso simpático fez um sinal de cumprimento aos estagiários.

– Fiquem à vontade. Descansem e alimentem-se. Vocês precisam repor as energias desprendidas durante esses dias de viagem – disse ele.

E completou:

– Sou eu quem informa à Casa de Socorro de Maria quais os irmãos que estão prontos a serem socorridos.

– Desculpe-me, meu irmão, mas você fica sozinho nestas paragens perigosas? – perguntou Joana.

– Não estou só, irmã. Sempre que preciso, meus amigos espirituais atendem às minhas súplicas.

– Por que você escolheu esta tarefa?

– Ah, filha! Minha história é longa e triste. Para você ter uma ideia, após recuperar-me, pedi a Deus para ficar neste lugar ajudando meus irmãos sofredores. Já estou por aqui há mais de cinquenta anos e não tenho coragem de reencarnar novamente por dois motivos: não consigo deixar estas criaturas sofrendo sem poder dar a minha pequena ajuda e também não estou suficientemente forte para enfrentar uma nova encarnação.

Rebeca pediu licença e informou aos estagiários:

– Pessoal, vamos descansar por dois dias e depois voltaremos para nossa morada, pois nossa tarefa terminou. Assim que voltarmos para a Colônia, faremos uma avaliação de tudo que aprendemos durante esse, digamos, passeio.

Após dois dias, o grupo voltou para a Colônia Espiritual Luz Eterna.

Ao chegar, a instrutora Rebeca avaliou os alunos e concluiu que estavam em condições de levar aos mundos onde reencarnariam ou cumpririam suas tarefas como espíritos, os ensinamentos que obtiveram durante os trinta dias do estágio direcionado para esse fim.

Sandro reencontrou os amigos Paulo e Karina e todos conversaram bastante sobre o estágio que fizeram.

Certo dia, receberam a ordem para seguirem seus destinos.

No dia da despedida, Paulo, Karina e Sandro reuniram-se na pracinha e desejaram, uns aos outros, votos de muito êxito em suas missões.

Sandro estava triste.

– O que houve, meu querido? – perguntou a médica. – Em que está pensando?

– No que me espera. Penso, inclusive, na minha família e nas surpresas que me aguardam, pois faz muito tempo que não a vejo. Também estou ansioso para ver minha filha, que nasceu um pouco antes do meu trágico desencarne.

Paulo e Karina se entreolharam, como se soubessem desse pormenor, mas se calaram.

Sandro notou e quis perguntar algo, contudo Karina colocou o dedo indicador sobre seus lábios, como se pedisse silêncio. Ele entendeu o recado e não questionou esse gesto.

Todos se abraçaram e disseram em uma única voz:

– Que Deus nos ampare e nos proteja! Que assim seja!

O ESPÍRITO EM MISSÃO

20° CAPÍTULO

Sandro ficou durante um longo tempo observando a velha mansão. Naquele pequeno período de meditação recordou-se de tudo que havia lhe acontecido durante a última existência, principalmente na convivência daquela família. Vacilou, porém resolveu abrir o portão e entrar. Percebeu que o jardim estava descuidado, repleto de folhas secas por todos os lados e as ervas daninhas cresciam entre os roseirais.

Entrou no amplo salão da mansão e notou que também estava muito sujo e descuidado, como se tivesse sido abandonado. Imediatamente observou que os quadros que sempre adornavam aquelas paredes foram retirados.

Subiu a escada e caminhou pelos corredores solitários observando que havia uma quantidade considerável de fluidos deletérios naquela casa. Ouviu um choro e imediatamente se encontrou num quarto, onde viu uma mulher deitada de bruços, aparentando uns quarenta e cinco anos. Usando suas faculdades de espírito desencarnado, ele verificou, sem surpresa, que essa mulher era sua irmã Cristina Maria. Notou ainda que havia embaixo da cama dela uma garrafa de bebida, um copo e um cinzeiro cheio de pontas de cigarros. Ficou espantado quando observou, numa mesa de centro com tampo de vidro, um pó branco e pequenos canudos espalhados pelo chão.

Sandro tentou se controlar. Sentou-se numa cadeira ao lado e com lágrimas nos olhos começou a orar: "Meu Jesus, Mestre Divino, ajude-me, por favor! Sinto-me desfalecer com esse quadro horrível que ora se apresenta diante de mim!".

No mesmo instante, um espírito muito conhecido apareceu na sua frente. Era o Dr. Antônio do Carmo.

– Meu filho, eu só o enviei nesta missão porque acreditei na sua recuperação – disse ele, abraçando o rapaz com ternura de um pai. – Tenho certeza de que, com fé em Deus e em Jesus, você não vai fracassar.

– Dr. Antônio, se já me sinto assim no começo da tarefa, imagine o que será de mim mais adiante, quando esta missão se tornar realmente árdua?

– Lembre-se de que seu coração é muito bom e sempre o guiará para o bem. Por isso, siga-o e não confunda as coisas de Deus com as coisas de César. Tenho certeza absoluta de que você vencerá. Conheça primeiro a sua missão, fazendo uma visita às pessoas que deve ajudar e depois priorize os casos mais urgentes.

Sandro ainda quis falar mais alguma coisa, mas o venerando amigo logo desapareceu. Ele se ergueu e saiu em busca dos outros quartos, entrando em todos e notando que estavam vazios. Porém, um deles lhe chamou a atenção pela desordem e pelas várias garrafas de bebidas, cheias e vazias, que estavam jogadas pelo chão. De relance viu uma foto na parede e soube que aquele quarto pertencia ao Marcos. Andou por toda a casa e encontrou apenas um empregado, que cuidava do pouco que podia.

Ele resolveu sentar-se num sofá da sala e ficou meditando, tentando concatenar as ideias para começar a agir.

O espírito em missão pensou na ex-mulher, Alessandra, e automaticamente encontrou-se na sala de um amplo e luxuoso apartamento.

Uma senhora ainda jovem e bonita estava sentada ao lado de dois jovens adolescentes. Imediatamente ele reconheceu Alessandra e os dois filhos, Sônia e Júnior. Sentou-se numa poltrona qualquer e começou a observar a ex-mulher e os filhos, ouvindo, principalmente, o que estavam conversando.

– Júnior, pelo amor de Deus, não ande com esse pessoal. Você pode estar entrando num beco sem saída.

– Deixe de caretice, mãe. A turma é legal e todos são pessoas de bem. O máximo que fazemos é beber alguma coisa muito fraca e isso só quando não estamos na escola.

Sônia, que estava sentada ao lado, rebateu o irmão.

– Mamãe, não é bem assim como o Júnior está falando – disse, com ar sério. – Conheço a turma e para você ter uma ideia de como vão as coisas, já vi rolar até maconha entre eles.

Alessandra ergueu-se pálida, com as mãos no rosto, fitou o filho e energicamente disse:

– Depois quero saber dessa história direito, entendeu, Júnior?

O espírito Sandro baixou a cabeça e pensou: "Meu Deus, não faça isso comigo! Logo o meu filho Júnior enveredando no mundo das drogas! Isso é demais para mim, Senhor!".

Alessandra deixou que os filhos fossem para o colégio, mas avisou ao primogênito:

– Juninho, quero conversar com você assim que chegar do colégio.

Assim que os filhos saíram, Alessandra entregou-se aos pensamentos: "Meu Deus, ajude-me! Não suportarei mais essa dor! Só me faltava essa: meu filho seguir o mesmo caminho destruidor do pai! Isso não pode acontecer!"

Sandro se aproximou dela e, num gesto meigo, sentou-se no braço da poltrona e a abraçou pela cintura.

– Minha querida, a partir de agora estarei com você para ajudá-la a orientar os nossos filhos.

Alessandra sentiu um arrepio e ergueu-se com medo. Bebeu um copo de água, pensando: "Parece que senti a presença de Sandro Luís. Que Deus cuide de sua alma".

Sandro compreendeu porque ela sentiu medo e pensou: "Devo tomar muito cuidado quando me aproximar das pessoas, para não assustá-las e tornar difícil o meu trabalho. Tenho que aprender a lidar com os encarnados e, se possível, acalmá-los ao invés de assustá-los".

O espírito se lembrou de Eveline e, como num passe de mágica, se viu num quarto muito bonito, onde pôde observar uma moça com aproximadamente vinte e oito anos, sentada numa confortável cadeira, lendo um livro. Ele viu ainda, sentada na cama ao lado, uma belíssima menina, aparentando onze anos. Elas conversavam entre si:

– Mamãe, por favor, pare de trabalhar um pouco e vamos ao cinema, como a senhora me prometeu.

– Sandrinha, prometi que assim que terminasse de fazer este trabalho, iria ao cinema com você. Tenha paciência, querida!

Sandro ficou tão emocionado que começou a chorar quando descobriu que a garota era a sua filha Sandrinha e a mãe, a sua amiga Eveline. Com muito cuidado, aproximou-se de Eveline e sentou-se na cama um pouco afastado, evitando assim, um forte contato fluídico. O espírito pensou: "Como a Eveline mudou! A filha que ela fez questão de me dar é muito bonita!"

Eveline parou de ler e perguntou-se: "Sandro, amor de minha vida, onde você estará agora? Nunca te esqueci e tenho quase certeza de que jamais poderei ser de outro homem, principalmente depois que o conheci. Sei que morreu e por isso, aos domingos, vou à missa rezar por você".

– Mamãe, lembrei-me do papai agora e fiquei muito emocionada – disse a filha de repente. – O que será?

– Nada, minha filha. Talvez seu pai também esteja se lembrando de você neste momento. Os espíritas dizem que somos imortais e se isso for verdade, o seu pai ainda está vivo.

– E por que não somos espíritas, mãe? Acho aquela missa tão chata!

– Não diga isso, filha. Temos que respeitar todas as religiões. Além disso, somos católicas.

– Não quero ser católica! Quando peço explicações sobre a morte, a irmã Josefa do meu colégio não sabe responder e fica querendo que eu acredite em contos de criança.

Sandro olhou para aquela menina branca, de rosto bem feito e cabelos pretos, sentiu-se orgulhoso pela filha que tinha. Aproximou-se da mãe dela e disse, tocando as pontas de seus cabelos:

– Muito obrigado pela filha que você me deu, Eveline!

Eveline estremeceu, mas ficou calma e comentou meio desconfiada com o choque que sentiu:

– Filha, se não morremos, como dizem os espíritas, o seu pai está aqui, neste momento.

– Também sinto que há mais alguém dentro deste quarto, além de nós – anuiu a filha com a cabeça, pensativa.

– Meu querido, você está aí? – perguntou Eveline, como se estivesse falando com alguém visível. – Responda, Sandro, ou dê pelo menos um sinal.

Cautelosamente o espírito se aproximou de Sandrinha e a beijou na testa, transmitindo todo carinho e amor que lhe ia à alma naquele momento sublime.

– Deus a abençoe, minha filha – disse ele carinhosamente, tomando cuidado para não espantá-la.

A mocinha sentiu um leve tremor, que foi percebido por Eveline. A mãe se apressou em perguntar:

– O que houve minha filha? Você está sentindo alguma coisa?

– Que coisa estranha, mamãe. Eu vi, muito rapidamente, um homem beijando minha testa. Isso é normal?

Eveline ficou assustada e ao mesmo tempo alegre, perguntando:

– Você sabe descrever essa pessoa que a beijou, filha?

– Era um homem muito bonito, branco e de cabelos pretos. Ele sorriu quando me beijou e, se não me engano, me abençoou.

Eveline começou a chorar e como se estivesse sozinha, falou:

– Seja bem vindo à nossa casa, Sandro Luís! Esta é sua filha! Veja como ela está linda!

Sandrinha olhou para a mãe e pensou: "Acho que a minha mãe não está muito bem". Ela abraçou a mãe, que chorava, e perguntou-lhe:

– Mamãe, por que a senhora não pára de trabalhar um pouco?

– Minha filha, estou chorando de felicidade! Sei que o meu Sandro está conosco e talvez não apareça ou fale para não nos assustar.

– Mamãe, o papai já morreu.

– Você se esqueceu de que ele me ensinou os princípios básicos do Espiritismo e que um deles afirma que somos imortais? Então, se não morremos, ele está vivo e se encontra em outra dimensão.

– Então vamos visitar um centro espírita para ver se conseguimos falar com ele? – convidou a filha em sua inocência.

– Quem anda lhe ensinando essas coisas?

– Tenho uma amiga que é espírita e frequenta um centro num bairro aqui perto.

– E que interesse é esse de visitar um centro espírita?

– Desde pequena vejo e sinto coisas que não sei explicar e dizem que os espíritas sabem esclarecer tudo isso.

– Tudo bem. Depois veremos isso.

Sandro Luís estava muito emocionado com o diálogo entre mãe e filha, e pediu numa súplica muda: "Meu Criador, protege estas duas! Elas são o que de mais bonito encontrei depois que cheguei aqui na Terra!".

Ele refletiu durante alguns instantes e ao pensar em Flávio, rapidamente se transportou para um grande escritório, que reconheceu como uma das salas da empresa da família. Notou que estava sentado confortavelmente atrás de uma mesa, um senhor bem vestido e imponente, cofiando o bigode.

Sandro observou o ambiente e também várias funcionárias, num grande vaivém, tentando atender o cidadão sentado à mesa, onde havia uma placa. Ele leu a inscrição da mesma e descobriu que aquela era a sala do presidente da empresa. O espírito já sabia que era o seu cunhado Flávio e não gostou do modo como ele estava se comportando. Notou que nem de longe se parecia com aquele que conhecera na última existência. Agora, o espírito enxergava outro homem, que era ambicioso e sem escrúpulos.

O cunhado estava diferente e seu rosto não apresentava mais aquela bondade que lhe era peculiar. Tratava os empregados com petulância, como se fosse o dono de todos, feito animais. Alguém adentrou a sala e comunicou ao patrão:

– Sua ex-esposa mandou avisar que não vem ao escritório novamente.

– Eu quero que ela morra de tanto beber e cheirar cocaína! Que siga o mesmo caminho do irmão e deixe tudo por minha conta!

Assim que voltou a ficar sozinho, Flávio tramou: "Só falta me livrar daquela boba da Alessandra e dos filhos, pois a Cristina Maria e o Marcos deixaram de ser problema. Com a procuração que eles assinaram, posso fazer o que quiser. Só estou esperando o momento certo para aplicar o golpe fatal".

Sandro captou o pensamento de Flávio o suficiente para pensar: "Meu Jesus, como um ser humano pode mudar tanto? O único em quem eu acreditava, porque tinha uma religião tão bonita, é quem não presta!" Neste exato momento ouviu uma voz dentro de si que o alertou: "Cuidado, meu filho! Esse não é o pensamento de um cristão!" Instantaneamente ficou envergonhado, porque sabia quem o alertava, e mentalmente pediu perdão a Deus.

Pensou no filho Júnior e rapidamente o encontrou no jardim de uma grande praça pública. O garoto e outros jovens se drogavam; um deles já estava se iniciando nas chamadas drogas pesadas.

Sandro levou a mão à cabeça, num ato desesperado, e lamentou: "Meu Deus! Tão novo e o meu filho já foi iniciado nas drogas!" Saiu dali em disparada e não se desequilibrou graças à ajuda dos espíritos que também estavam em missão na Terra e o socorreram, até que se acalmasse.

O espírito do ex-viciado sentou-se num banco e esperou a noite chegar. Após esse período de meditação, dirigiu-se para o mesmo lugar onde costumava se drogar e percebeu que este quase não havia mudado. O lugar transformou-se quase oficialmente num ponto para o consumo de drogas, uma espécie de território sem dono, onde qualquer pessoa podia usar entorpecentes à vontade, sem ser incomodada. Saiu caminhando entre aqueles trapos imundos, os chamados mortos vivos, e viu tanta desgraça que começou a chorar, pois ali, praticamente só havia crianças embaladas pelas ilusões e fugas que as drogas causam.

Lembrou-se do lugar onde havia desencarnado e logo se viu sentado no banco de um ponto de ônibus. Sem perceber, alguém se aproximou e sentou-se ao seu lado. Ele viu que se tratava de um espírito vindo da mesma Colônia que ele, que também estava na Terra para cumprir alguma missão.

– Meu irmão, estou pensando no modo de cumprir a minha tarefa com êxito – disse Sandro, após os cumprimentos iniciais.

O espírito também o cumprimentou e apresentou-se:

– Meu nome é Eduardo. Estou aqui para ajudar vários companheiros que se odeiam. Caso eu não consiga que eles me escutem, haverá um desencarne em massa, que dará muito trabalho aos socorristas voluntários da espiritualidade. Não sei como vou vencer esta tarefa. Já fui visitá-los e parece-me que estão cada vez piores, porque a fileira deles foi engrossada pelos filhos e amigos mais jovens. Uma pena, meu irmão.

Sandro também contou o que viu quando chegou na Terra e finalizou dizendo:

– Também acho que não vou conseguir me sair bem, amigo.

– Alguns especialistas como políticos, religiosos, psicólogos, psiquiatras, pedagogos, escritores e outros deturpam a educação e transformam o certo no errado, além de darem péssimos exemplos para a humanidade. Agora entendo porque Allan Kardec chama a Terra de mundo de expiação e de provas – comentou o espírito Eduardo.

– Então, quando será que este planeta passará a ser um mundo de regeneração? Sabemos que a maior preocupação do Dr. Antônio do Carmo é resgatar, através da iluminação das consciências, o maior número possível de espíritos que ainda reencarnam na Terra, antes que o Senhor do Universo os desterre para planetas primitivos.

– Meu irmão, acho quase impossível que metade desses espíritos, encarnados e desencarnados, pertencentes ao nosso planeta, se recupere – comentou o espírito Eduardo, erguendo-se e estendendo a mão a Sandro para se despedir.

– Amigo, foi um prazer conhecê-lo, mas agora tenho que começar meu trabalho. Até o presente momento só reconheci o terreno.

Ambos se despediram e cada um seguiu seu caminho.

Sandro pensou em sua casa e automaticamente estava sentado no grande sofá do salão da mansão, quando ouviu alguém falando alto, atropelando as palavras ao gritar:

– Deixe-me em paz! Você não percebeu que não quero mais trabalhar? Que mudei e nada mais me interessa depois que o Flávio me deixou? – gritava Cristina Maria, quase que completamente desequilibrada.

– Você é louca! Não vê que o Flávio está nos deixando sem um tostão? – retrucou Marcos.

– Então, por que você não vai trabalhar e deixa de beber para saber o que está lhe fazendo?

– Cristina, você sempre foi a cabeça de tudo. Não posso aceitar que jogue tudo fora.

– Cada um que cuide de si, meu irmão. Acho que Sandro sempre esteve com a razão e nós é que estávamos cegos.

Sandro baixou a cabeça e nada pôde dizer, porque era verdade o que Cristina Maria dizia: foi ele mesmo quem deu esse péssimo exemplo de fraqueza.

Cristina estava maquiada e carregava uma bolsa, enquanto Marcos trajava um paletó, ambos prontos para sair.

– Não vou jantar – gritou Marcos para a cozinheira e saiu batendo a porta.

Cristina se sentou no sofá, perto do espírito do irmão, como se estivesse esperando alguém.

Sandro aproveitou para colocar em prática seu plano de recuperação daquelas almas. Aproximou-se e falou no ouvido da irmã:

– Pense um pouco, minha irmã. Você que criticou o meu modo de vida, não pode enveredar pelo mesmo caminho.

Cristina Maria sentiu um arrepio e se ergueu desconfiada, passando as mãos nos ombros como se estivesse com frio e pensou: "Coisa estranha! Parece que ouvi a voz do Sandro... Ah, isso deve ser coisa da minha cabeça! Talvez esteja na hora de dar outra cheirada".

– Minha irmã, saia dessa vida. Você não imagina o quanto me arrependi. O sofrimento pelo qual passei quando desencarnei não desejo para ninguém. Pense por alguns segundos em Deus e em Jesus, porque somente Eles nos darão coragem para enfrentarmos nossas fraquezas.

Cristina Maria pensou: "Coitada da minha mãe. Ela deve estar sofrendo muito onde quer que esteja, pois morreu por não aguentar a falta do Sandrinho, seu filho predileto".

Sandro levou um choque e começou a tremer. No mesmo instante o amigo Eduardo apareceu no salão, deu-lhe um abraço e disse:

– Calma, amigo, vamos vencer. Tenhamos fé em Deus, o nosso Criador, e em Jesus, o filho que Ele enviou para nos salvar.

Sandro acalmou-se e pensou na mãe, em como era boa aquela alma que morreu de tanta amargura. Ele pediu perdão a Deus por haver feito sofrer aquela que fora sua mãe na última existência.

Neste momento um senhor chegou e sentou-se perto de Cristina, abraçando-a e dando algo para ela cheirar, enquanto ele também se servia. Depois ambos se ergueram e saíram para a noite.

Sandro Luís resolveu permanecer alguns minutos na sala, pensando em como cumpriria sua tarefa. "Tenho de procurar alguém que possa servir como intermediário entre eu e as pessoas a quem devo orientar, e tirá-las desse inferno em que se encontram". De repente pensou numa pessoa que poderia ajudá-lo, pois além de amá-lo também era sensitiva. No mesmo momento encontrou-se na sala da casa de Eveline.

A jovem estava sentada atrás de uma grande mesa coberta de papéis e Sandro descobriu que ela era advogada, pois via no timbre dos papéis seu nome e sua profissão.

Ele ficou observando aquela criatura que salvara há vários anos. Resolveu aproximar-se, colocando as mãos sobre o ombro dela. Neste mesmo momento ela sentiu um arrepio tão grande que involuntariamente estremeceu, devido ao choque anímico, e pensou: "Ele está aqui novamente. Vou fazer de tudo para conseguir me comunicar".

Eveline se ajeitou na cadeira, tirou os óculos e perguntou, com coragem, como se estivesse falando com um encarnado:

– Meu amor, se você estiver aqui, faça com que eu sinta um choque novamente.

Sandro abraçou-a e então ela sentiu outro choque com mais intensidade e também uma boa energia fluídica, proveniente daquele espírito do bem.

– Agora tenho certeza de que você está aqui – confirmou a moça. – Você está bem?

Sandro colocou a mão em sua cabeça e respondeu:

– Estou bem, minha querida.

Eveline estava tão concentrada que pôde ouvir perfeitamente a voz dele dentro de si. Ela se emocionou e chorou de felicidade, perguntando mais uma vez:

– O que você quer de nós?

– Vim visitar vocês. Estou feliz.

– Viu como sua filha está linda?

– Sim. Ela é realmente linda.

Eveline não conseguia parar de chorar, o que levou Sandro a perguntar:

– Está sofrendo, querida?

– Não, meu amor! Eu sou a mulher mais feliz do mundo, pois sei que você continua vivo, aqui, bem perto de mim.

Sandro se aproximou mais um pouco de Eveline e a abraçou novamente, transmitindo toda a saudade que lhe ia à alma, em forma de energia fluídica.

Eveline se sentiu tão feliz que quase gritou, mas se controlou e pensou: "Se alguém me vê falando sozinha, vai duvidar de minha sanidade mental".

– Preciso de você, minha querida.

– Estarei sempre à sua disposição.

– Irei embora, mas voltarei.

– Um momento, Sandro. Por que consigo falar com você?

– Você é uma sensitiva, ou seja, é uma daquelas pessoas que Allan Kardec chama de médium e serve de intermediário entre o mundo invisível e o visível.

– Entendi – confirmou Eveline.

O espírito foi embora, prometendo voltar, e no mesmo momento se dirigiu para o belo apartamento de Alessandra.

Ela estava sentada numa cadeira da varanda, pensando: "Nunca vou me perdoar. Sandro só precisava de alguém que o ajudasse a sair daquele conflito. No entanto, o que fiz? Nada. Rejeitei-o, humilhei-o e, por fim, o culpei por sua fraqueza."

– Você não foi culpada de nada – disse o espírito, que já estava ao lado dela.

Alessandra teve a impressão de que ouvia alguém. Ela começou a se arrepiar, então se levantou e foi para o quarto.

O espírito deixou que ela se trocasse e se deitasse, para depois continuar o contato.

Encontrando-a já deitada, ele aproximou-se da cama e disse, com muito cuidado:

– Minha Alessandra, estou aqui, vivo, muito melhor do que quando estava encarnado.

Alessandra ergueu-se, foi à cozinha tomar água e ficou meditando: "Que coisa estranha! Parece que alguém está falando comigo". Ela voltou para o quarto e deitou-se novamente, sentindo que havia mais alguém no cômodo. Com medo, abriu os armários procurando algo e verificou que estava mesmo sozinha. "Acho que estou muito preocupada. Deve ser só isso".

Com muito cuidado, Sandro voltou a falar:

– Alessandra, não tenha medo dos mortos, pois a morte não existe. Estou aqui para cumprir uma missão, salvando e informando o malefício das drogas, principalmente aos parentes consanguíneos da minha última reencarnação. Estou muito preocupado com meu filho Júnior.

Alessandra se acalmou e começou a prestar atenção no que ouvia. Como teste, resolveu falar alguma coisa para ver o que aconteceria.

– Quem está aí? – perguntou a mulher em pensamento. – É você, Sandro?

– Sim, sou eu mesmo, querida.

Alessandra pensou: "Engraçado! Parece que ouvi a voz do Sandro. Como pode ser isso, pois ele já deve ter morrido há muito tempo? Pelo menos é o que penso, já que nunca mais apareceu."

– Engano seu, querida. Estou muito mais vivo do que qualquer encarnado.

Alessandra novamente se ergueu caminhando inquieta

pelo quarto, muito preocupada. Intrigada, pensava: "E agora, meu Deus? O que faço? Não tenho nem ideia de como devo falar com alguém que já morreu!".

– Trate-me como se eu ainda estivesse encarnado – disse ele.

Alessandra perguntou a si: "Será que ele pode aparecer e falar diretamente comigo?".

– Ainda não tenho condições para realizar esta operação.

Alessandra ouvia perfeitamente tudo que Sandro falava, mas não acreditava no que estava acontecendo, achando que aquilo era fruto de sua imaginação.

O espírito sentou-se numa cadeira e meditou: "Vou deixar as coisas se acalmarem e depois começarei a agir. Agora, tenho que me recolher e fazer minhas preces, pedindo orientações para dar início, amanhã, à minha missão".

Ergueu-se e afagou com muito cuidado a cabeça de Alessandra.

– Querida, tenha fé em Deus – disse ele. – Estou neste mundo, em espírito, para tentar ajudá-los.

De repente, sentindo algo dentro de si, Alessandra pediu em voz alta:

– Meu amor, não vá embora! Tenho tantas coisas para lhe falar!

– Vá descansar, pois ainda teremos muito tempo para conversar.

Dizendo isso, ele lembrou-se da mãe e logo se transportou para um grande hospital. Procurou-a e, para sua surpresa, a encontrou andando de um lado para outro, perguntando aos médicos e enfermeiros:

– Por favor, vocês viram o meu filho neste hospital?

Reconhecendo sua mãe, Maria Antônia, ele aproximou-se e a abraçou, tentando enxugar as lágrimas que desciam copiosamente pelo seu rosto.

– Minha querida mãe – disse, enquanto beijava os cabelos daquele espírito sofredor.

MARIA ANTÔNIA E CRISTINA MARIA

21º CAPÍTULO

O filho a conduziu até um banco que se encontrava no corredor do hospital.

– Minha mãe, não se preocupe mais! Estou vivo e junto à senhora – disse o filho, abraçando-a e beijando-a com carinho.

O espírito Maria Antônia não conseguia deixar de admirar o filho e beijá-lo, sempre falando:

– Graças a Deus que o encontrei, meu querido!

O filho observou que a mãe estava suja, desfigurada, com os cabelos desgrenhados, trêmula e com ares de louca. Compadeceu-se ao ver aquela senhora, que nos tempos de glória parecia uma verdadeira princesa invejada por todas as damas da alta sociedade, em virtude da beleza e elegância. Agora, ali na sua frente, estava uma velha decrépita, doente e presa à matéria, perambulando pelo mundo à procura do filho que tanto amava.

– Não me afastarei mais da senhora – dizia ele, abraçando a mãe e afagando seus cabelos.

– Não me deixe mais, meu filho. Como sofri com a notícia que me deram.

– Que notícia foi essa, mamãe?

– Que você havia morrido e que seu corpo fora conduzido para o necrotério deste hospital, então vim procurá-lo e somente agora o encontrei.

Sandro Luís surpreendeu-se e entendeu que a mãe ainda agia como um espírito encarnado, como alguém que pertence ao mundo visível.

Maria Antônia olhou para o rosto e para as roupas do filho e, surpresa, comentou:

– Sandrinho, você está muito bem! Parece que está curado, mais novo e bonito. Não entendo por que desapareceu e nunca mais foi à nossa casa.

Ela olhava para o filho e tocava as vestes dele com ar de felicidade.

O filho notou que a mãe estava impressionada com a roupa dele e perguntou:

– A senhora acha a minha roupa estranha?

– Sim. Acho essa sua roupa muito esquisita.

– Minha mãe, por enquanto esqueça tudo isso e vamos caminhar um pouco.

Sandro Luís queria ganhar tempo a fim de que sua mãe se acalmasse para que ele pudesse chamar um enfermeiro da Colônia Espiritual Luz Eterna para conduzi-la a um hospital espiritual. Assim que chegaram ao lado de fora do nosocômio, ele a abraçou e pediu, com muito cuidado:

– Mãe, olhe para o alto e façamos uma prece.

– Meu filho, todo dia faço as minhas orações por você.

– Mas agora é diferente.

– Por que, meu filho?

– Porque, neste momento, vamos entrar diretamente em sintonia com os benfeitores do universo.

– Está bem.

Sandro tomou carinhosamente a mão de sua mãe e, olhando para o alto, fez uma prece em voz alta:

– Senhor deste Mundo e do Universo, solicito-Vos, humildemente, que se digne a olhar para este planeta que abriga Seus filhos oriundos de mundos primitivos. Somos tão pequenos diante de Sua grandeza, que tenho vergonha de fazer-Lhe um pedido. Sei perfeitamente que o Senhor tudo vê, portanto atenda esta minha solicitação, por favor. Conduza para a Sua casa de saúde esta criatura que foi minha mãe. Eu, como filho dessa bendita mulher, infelizmente, causei-lhe muito sofrimento com minha insanidade e ignorância. Assim seja!

Ao terminar a prece, o espírito de Sandro parecia um foco de luz. Ele abriu os olhos e viu ao seu lado o Dr. Antônio do Carmo olhando-o e sorrindo.

O venerando amigo dos espíritos sofredores aproximou-se e o abraçou, dizendo:

– Continue, meu filho, que em nome de Deus, do Nosso Mestre e de Nossa Mãe, Maria Santíssima, você vencerá.

Sandro viu que o santo homem desaparecia e então se lembrou de sua mãe. Mas ao voltar-se para o lugar onde ela se encontrava, não a viu. Agradeceu a Suprema Inteligência por ter sido atendido e se sentiu mais forte depois deste pequeno ato.

– Que Deus abençoe a minha querida mãezinha. Estou muito grato – disse ele, elevando os olhos ao céu.

O espírito saiu caminhando com um sorriso nos lábios, quando se lembrou de sua irmã Cristina Maria.

E no mesmo momento se encontrou num ambiente que exalava forte odor, provocado por uma mistura de perfumes, bebidas e fumaça. Uma música estridente animava aquele lugar. Os frequentadores vestiam pouca roupa e, em posições pouco decentes para um cristão, se entregavam aos prazeres proporcionados pela matéria.

O espírito sentiu as fortíssimas energias fluídicas malévolas do lugar, mas em prece, foi se misturando à multidão, aproveitando para observar o que acontecia naquele antro. Viu muita gente bebendo, fumando e usando drogas de todos os tipos. "Meu Deus, como você está esquecido pelos meus irmãos pequenos! Estão elegendo novos deuses para este mundo, tais como o dinheiro e as drogas. Talvez eles não saibam o preço que vão pagar por transgredirem as Suas leis. Eu desobedeci e paguei o preço, mas vou lutar para jamais voltar a infringi-las".

O espírito Sandro Luís seguiu adiante, observando o povo que frequentava aquele tipo de ambiente. De repente percebeu que, num canto, quatro pessoas – duas mulheres e dois homens – sentavam-se ao redor de uma pequena mesa, com tampo de espelho. Ele aproximou-se e pôde verificar que sobre a mesa havia um pó branco espalhado e dividido em partes, onde cada pessoa preparava sua própria porção, com tiras de vidros, e depois o aspiravam com canudos feitos de cédulas, enquanto outros o esfregavam nas gengivas. Depois desta operação, todos ficaram alegres e agitados.

A maior surpresa do espírito estava para acontecer, quando notou que uma das mulheres era a sua irmã Cristina Maria. Ele pensou: "Meu Jesus, socorra esses irmãos, porque eles não sabem o que fazem! Conheço muito bem o que estão fazendo e tenho certeza de que já começaram a descer a escada sem fim!" Aproximou-se da irmã e soprou em seu ouvido: "Mana, não faça isso! Lembre-se do que me dizia quando eu ainda vivia esta vida!"

Subitamente Cristina pensou: "É melhor eu ir para casa. Já cheirei tanto pó que estou ouvindo coisas..."

Meio cambaleante, a mulher ergueu-se e pediu ao parceiro para deixá-la em casa.

Ao chegar, Cristina Maria foi diretamente para o quarto. Encheu um copo de bebida e se pôs a pensar no que havia escutado na boate: "Estranho! Só o Sandrinho me chamava de 'mana' e aquela voz era idêntica à dele". Foi ao banheiro e permaneceu um bom tempo debaixo do chuveiro. Depois se deitou do jeito que estava, sem fazer uma prece, e logo adormeceu.

Sandro aproveitou que a irmã dormia e a procurou em espírito.

Ela se encontrava com todos os sentidos embotados, dificultando a sua libertação durante o sono, mesmo assim ele fez uma prece e logo percebeu que Cristina Maria levantava-se, enquanto o corpo físico continuava deitado na cama.

Ao erguer-se, Cristina olhou assustada para o quarto, como se estivesse procurando algo. Viu a garrafa de bebida, pegou-a e tomou um gole no gargalo. Depois olhou para o lado e viu o espírito Sandro Luís em pé, calmo, com os braços cruzados a encará-la. Ela ficou com medo e logo perguntou:

– Sandro, você não morreu?

– Não, mana. Estou tão vivo quanto você.

– Como isso pode acontecer?

– Simples. Somos imortais, morri somente para o mundo material, o que chamamos de desencarnação. Você continua vivendo no mundo corporal e neste momento estamos fazendo contato no plano invisível, aproveitando o momento em que se libertou do corpo material através do sono.

– Então, você já deve saber de tudo.

– Mais ou menos. Porém, o que me interessa neste momento é que saia dessa vida de vício enquanto é tempo, pois está infringindo as leis de Deus, cometendo um erro gravíssimo. Você não imagina o sofrimento pelo qual passa aquele que não obedece às leis do Senhor.

– Meu prezado irmão, por que você quer o meu bem, se sempre fui declaradamente sua inimiga?

– Cristina Maria, eu nunca a enxerguei como uma inimiga.

– Mas depois do que lhe fiz, no mínimo, era para você guardar algum rancor ou ressentimento.

– Pois não tenho nenhum dos dois. No momento, só desejo o seu bem e para isso você deve começar a lutar, imediatamente, para sair desse mundo de perdição e alienação no qual se meteu.

– É difícil, meu irmão. Não há mais jeito.

– Não acredito que a grande Cristina Maria esteja tão fraca.

– Pois é, Sandrinho. Depois que o Flávio me deixou, comecei a viver assim, para esquecer a dor da perda.

– Você pode me contar o que aconteceu?

– Se me deixar beber um pouco, talvez eu crie coragem para narrar o que aconteceu nesses últimos dez anos.

– Tudo bem, Cristina. Você sabe o que faz.

Cristina sorveu um grande gole e cheirou o conteúdo de um papelote que havia tirado da bolsa.

No item 126 – Laboratório do Mundo Invisível –, capítulo VIII, da segunda parte de "O livro dos médiuns", Allan Kardec nos explica como se dá esse fenômeno no qual Cristina Maria, em espírito, podia segurar uma garrafa e beber o seu líquido: "*(...) Veio-nos, então, um pensamento: é que os corpos inertes poderiam ter seus análogos etéreos no mundo invisível; que a matéria condensada, que forma os objetos, poderia ter uma parte quintessenciada escapando aos nossos sentidos. (...)*".

Sandro ficou pensando: "Meu Deus, os espíritos mantêm o vício mesmo fora do corpo físico e a vontade é o instrumento utilizado para atingir esse fim."

Cristina Maria andou inquieta de um lado a outro do quarto, depois parou em frente ao irmão e começou a falar:

– Depois que você desapareceu sem deixar notícias, não tive dúvidas de que havia morrido, então assumi o controle das empresas, já que o Marcos estava bebendo muito e não ligava mais para os negócios, mesmo sendo o segundo no comando das empresas.

Cristina fez uma pausa, sentou-se e prosseguiu:

– Os nossos pais ficaram fragilizados com o seu desaparecimento, pois há cinco anos não tínhamos mais notícias suas. Eles perderam completamente a vontade de viver. Nossa mãe soube que você fora atropelado e conduzido a um hospital. Passou então a procurá-lo, sem nunca encontrá-lo, até que seu coração não aguentou mais e ela morreu. Até no momento em que estava morrendo o chamava, como se fosse culpada por tudo que havia lhe acontecido.

Cristina virou a garrafa na boca e sorveu mais um gole. Triste, ela seguiu com sua narrativa:

– Nosso pai viveu mais três meses após a morte da mamãe. Ele começou a ver certas coisas e a perder a noção de tudo. Falava umas coisas esquisitas e sempre dizia que os nossos tios apareciam para ele cobrando parte da herança que os nossos avós deixaram. Eles chamavam-no de ladrão. O velho morreu gritando, como se sofresse o assédio de espíritos maléficos.

Cristina fez mais uma pausa para respirar e continuou:

– Marcos já havia se afastado dos negócios da família, então aproveitei para dominar tudo. Comecei a humilhar o Flávio e ele não aguentou mais e saiu de casa. Foi aí que senti o quanto amava aquele homem. Na solidão, passei a sair à noite e a encontrar alguns colegas de faculdade. Comecei a beber, a fumar e desde então uso todo tipo de droga.

Cristina calou-se.

Sandro Luís aproximou-se da irmã e a abraçou com ternura. Depois de pensar, perguntou-lhe:

– Por que Flávio mudou tanto?

– Meu caro irmão! Não sabemos quem realmente são as pessoas. Vendo que a família estava se desfazendo, Flávio controlou tudo, através de uma procuração que nós lhe demos e que lhe dava plenos poderes de decisão. A partir daí, passamos a conhecer a verdadeira face dele. Aquilo de ser espírita era apenas uma forma de ganhar a confiança de todos para poder assumir os negócios. Agora não há como reverter essa situação, pois se o pressionarmos, perderemos o controle da empresa.

– Alessandra também assinou uma procuração para ele? – indagou Sandro curioso e apreensivo.

– Claro. Ninguém desconfiava dele. Na nossa família, só o Flávio tinha uma moral ilibada e era merecedor de toda confiança – respondeu a irmã. – Para finalizar, hoje a nossa situação é essa: estamos com os pés e as mãos atados.

Sandro refletia sobre tudo que ouvira e logo concluiu: "A situação está muito pior do que imaginava. Bem, vim aqui para ajudá-los a sair desse caminho perigoso, inclusive o Flávio, e evitar um mal ainda maior."

Lentamente, Cristina Maria desapareceu e começou a se mexer, já no corpo material. Acordou, ergueu-se e se dirigiu ao banheiro.

Sandro Luís desceu do quarto pensativo e sentou-se num sofá da sala. De repente escutou um barulho e viu o irmão Marcos adentrar a sala em péssimo estado de embriaguez, conversando com seres invisíveis. Ele prestou atenção naqueles espíritos desencarnados e levianos e viu que o acompanhavam com a finalidade de alimentarem seus vícios, através dos vapores de álcool que emanavam do irmão.

Cristina Maria acordou mais ou menos às dez horas. Com a sede provocada pela ressaca, ela bebeu muita água e depois foi para o banho. Com o pensamento ocupado pelo sonho que tivera, pela primeira vez não correu direto para a garrafa de bebida alcoólica. "Que sonho estranho! Era muito real! Será que o Sandro esteve mesmo aqui? Quem sabe... Se dizem que somos imortais", pensou.

Assim que Cristina pensou no irmão desencarnado, como se impulsionado por algo muito forte, Sandro imediatamente se viu ao lado dela. No mesmo instante ela se arrepiou e se sentiu muito bem, mesmo com o medo que inexplicavelmente tomava conta do seu ser, pois por falta de esclarecimentos, não entendia o que acontecia. Quieta e assustada, perguntou-se: "Será que o Sandro está aqui?".

O irmão aproveitou a sintonia e respondeu-lhe:

– Estou, minha querida irmã.

Ele procurou manter-se afastado, visto que podia espantá-la e anular essa pequena ponte de comunicação entre os dois mundos – o invisível e o corporal. Com muito cuidado, tentou emitir fluidos calmantes para irmã.

Mais relaxada, mentalmente Cristina Maria disse para o irmão: "Sandro, eu não sei se já morreu, o certo é que estou com muita saudade de você. Somente hoje compreendo o seu desespero e a pressão pela qual passou."

– Minha irmã, você não deve pensar assim. Fui muito fraco naquela época. Eu poderia ter invertido aquela situação, entretanto, não estava acostumado a lidar com pressão, porque as coisas sempre aconteciam como eu queria. No dia que senti duas pessoas brigando dentro de mim, não suportei e caí.

A irmã se levantou e pensou: "Será que estou ficando maluca? Parece que meu irmão está aqui, conversando comigo. Acho que ainda estou sob o efeito do pó. É melhor cheirar logo o resto que tenho na bolsa e talvez eu deixe de pensar nessas coisas."

O espírito Sandro se interpôs no seu caminho e pediu:

– Pelo amor de Deus, não faça isso, querida irmã! Senhor Jesus Cristo, ajude-me, por favor, a evitar que ela faça isso!

Neste exato momento ele ouviu o Dr. Antônio do Carmo falar dentro de si: "Meu abençoado filho, nunca interfira no livre-arbítrio de alguém, sob pena de tirarmos todo e qualquer mérito da libertação dos nossos irmãos. Lembre-se de que

Deus, na Sua bondade infinita, permite que sigamos nosso caminho, desde que não prejudiquemos um irmão inocente".

Sandro baixou a cabeça e começou a chorar, apreensivo com a situação da irmã. Sentia que, aos poucos, ela estava escorregando, perdendo a força para parar e voltar, e então esse seria o fim.

Cristina foi até a bolsa, pegou dois papelotes e derramou todo o seu conteúdo na mesinha. Ela arrumou o pó em fileiras e o cheirou de uma só vez, passando as costas da mão no nariz. Depois foi até a pia e lavou o rosto, percebendo que escorria sangue do nariz. "Meu nariz sangra cada vez mais. Acho que vou deixar de cheirar isso e passar a fumar *crack*, pois a viagem é muito mais rápida. Sei que minha destruição vai se acelerar, mas também não mereço mais viver, por isso vou seguir o caminho do meu irmão".

Sandro ficou gelado ao captar os pensamentos da irmã, então começou a orar, pedindo a Deus que lhe concedesse um modo de evitar que a irmã tomasse o mesmo caminho que ele. Pensou: "Acho que o Dr. Antônio do Carmo tem razão, pois agora me lembro que várias vezes senti alguém perto de mim, tentando me tirar das drogas e eu nunca liguei para isso. Tive que desencarnar para sofrer tudo que passei e um dia voltar numa nova encarnação e tentar ser vitorioso".

Num bairro elegante, um garoto conversava com os amigos enquanto ria.

– Baco, minha mãe anda pegando no meu pé por causa dos "tapas" que damos nesse "bagulho" – disse Júnior com ar de deboche, apontando para algo que trazia na mão.

– Os meus pais deixaram de pegar no meu pé – disse um dos amigos. – Não adianta mesmo.

– É isso aí, meu irmão! Temos que botar moral, senão sempre vamos ficar presos aos nossos pais – incentivou outro da turma. – Ainda bem que não tenho pai! Graças a Deus!

Sandro sentiu uma vibração estranha e logo se viu perto daquela roda de garotos, descobrindo que um deles era seu filho Júnior. Ele quase ficou sem fôlego ao ouvir aquele diálogo entre os garotos e imediatamente elevou uma prece aos céus: "Meu Deus, agora vejo que o meu sofrimento ainda nem começou! Não sei se vou aguentar! Não posso ver minha irmã e o meu próprio filho serem destruídos por essa droga maldita, mesmo que isso faça parte do meu aprendizado. Sei que todos nós somos passivos de erros e que, se estivermos afastados do Senhor, arcaremos com as consequências dos nossos atos".

Júnior sentiu o choque anímico provocado pelas energias fluídicas do pai e meio desconfiado, falou para um dos amigos:

– Baco, vou embora. Não estou passando bem.

– Ih! Você está ficando fraco!

– Meu irmão, parece que tem alguma coisa diferente por aqui. Você não está sentindo?

– Não.

– Mesmo assim, vou embora – despediu-se Júnior.

Alessandra estava na sala de casa quando o filho chegou, acompanhado pelo pai. Ela correu em direção ao garoto e o abraçou.

– Graças a Deus que você chegou, meu filho!

O marido desencarnado se manteve, propositalmente, sempre perto do filho, provocando um choque anímico para que ele se sentisse mal e fosse para a cama.

– Vou para meu quarto, mãe. Não estou bem – disse Júnior.

– O que você está sentindo, meu filho?

– Eu conversava com um amigo, quando senti uns calafrios e fiquei mal. Vou descansar um pouco e depois vou estudar.

Alessandra observou toda a sala, tentando descobrir alguma coisa.

Sandro notou e pensou: "Sou eu mesmo, querida, que estou aqui. Hoje, eu consegui trazê-lo de volta, mas não sei até quando conseguirei isso. Porém, prometo continuar tentando e quem sabe conseguiremos, aos poucos, afastá-lo dos amigos que o influenciam". Ele se aproximou de Alessandra, colocou a mão em seu ombro e disse:

– Estou aqui, querida.

Alessandra sentiu-se muito feliz com aquela transmissão de energia fluídica do marido. Ela pensou: "Sandro, eu sei que foi você quem trouxe o Juninho, mas até quando isso será possível, querido?".

A noite havia chegado, quando o espírito sentiu-se atraído para a empresa. Surpreendeu-se ao ver o cunhado numa reunião com pessoas de mau aspecto, dando instruções de como deveriam agir para tirar tudo da família de Feitosa. Sandro percebeu que ao redor do cunhado havia espíritos desencarnados e alguém que ele conhecia muito bem: o seu próprio pai.

– Não vou deixar nada para ninguém – dizia o espírito Feitosa no ouvido do genro. – E você me representará neste mundo!

O espírito Feitosa estava em pé, orientando a reunião através de Flávio, que o obedecia cegamente.

– Ninguém pode esquecer do velho Feitosa, a raposa dos negócios! Esses frouxos que estão se acabando são uns fracos, a começar por meu filho que se entregou às drogas, mas eu continuo aqui – dizia Feitosa. – Flávio, só resta a Alessandra no seu caminho. Tenha cuidado com os meus netos.

O espírito Sandro estava boquiaberto. Não acreditava que o pai fosse tão mau assim.

Encontrara o pivô de tudo e agora compreendia que sua missão devia começar pelo pai. Também percebeu que os outros estavam sob o domínio dele, por causa de suas ambições e apego ao ouro, outro mal eterno do mundo.

O ex-patriarca da família, agora desencarnado, vibrava numa faixa tão baixa que não podia ver o filho. Enxergava somente os encarnados e os espíritos desencarnados que o acompanhavam.

Sandro, observando tudo, pensou: "Tenho de agir com cautela, para conscientizar meu pai a mudar o rumo desses pensamentos. Acho que ele é o doente, com sua ambição desmedida, portanto não o deixarei mais só, até desvendar suas tramas".

Após ter dado as ordens que seriam fielmente cumpridas pelo genro encarnado – que não passava de um fantoche nas mãos dele –, Feitosa se retirou com a sua turma de malfeitores do mundo espiritual.

O filho desencarnado pensava e tentava concatenar as ideias. Permaneceu um bom tempo imóvel e numa fração de segundos repassou um pouco do que havia acontecido naquela família: "Começo a entender algumas coisas que aconteceram, até mesmo comigo, e também os problemas do Flávio e da minha irmã. Marcos também foi atingido e por isso buscou refúgio na bebida. Meu pai manipulava a vontade de todos em benefício de si próprio. Agora entendo com clareza que não havia interesse algum dele em me ver curado. Tudo não passou de uma farsa, quando todos achavam que o chefe da família sofria com a perda do filho querido. Ele só tinha interesses puramente financeiros. A história que contou sobre a herança dos irmãos também foi uma mentira. Lembro-me também de que, no dia em que fui exonerado da empresa, Alessandra teve um comportamento muito estranho, pois a sua obrigação, ao menos naquele momento difícil, era ficar ao meu lado. Acho que meu próprio pai fez pressão para que ela aceitasse tudo aquilo, sob alguma ameaça".

Novamente Sandro ouviu a voz de Dr. Antônio do Carmo:

– Muito cuidado com os pensamentos, meu filho.

– Só estou tentando entender tudo o que aconteceu e ainda está acontecendo, para saber onde vou encontrar o culpado.

– Meu filho, Nosso Senhor Jesus Cristo sofreu na cruz sem nunca fazer nada que desabonasse a Sua conduta de espírito puro. Jamais se ouviu falar que aquele homem tivesse feito ou dito algo contra os poderosos da época e, no entanto, foi julgado e condenado a morrer na cruz.

Sandro envergonhou-se de sua atitude e pediu perdão a Deus.

– Filho, continue sua missão e não condene ninguém, pois no Evangelho de Jesus está escrito que "*os sãos não precisam de médicos*".

– Obrigado pela advertência. Prometo tomar cuidado com minhas observações – disse o pupilo do diretor do hospital espiritual.

Quando Sandro deu por si, já se encontrava sozinho no escritório da grande empresa. Começou a pensar no lugar onde passou alguns anos entregue às drogas e no mesmo instante encontrou-se entre as crianças que ali também se drogavam. Observou que um garoto de quatorze anos tentava sobreviver a uma overdose e que seus amiguinhos ajudavam a ressuscitá-lo.

– Aguenta firme, Paulinho – dizia um colega.

Outro gritava no ouvido dele:

– Mano, reaja! Isso é normal, logo nos acostumamos! Não esmoreça!

Chorando, Sandro observava aquela cena com o coração doído e percebeu que o estado daquela criança era gravíssimo.

O rapazola destruía aquele vaso físico por ignorância e influência daqueles que fazem qualquer negócio para ganhar dinheiro, mesmo à custa de muita dor e sofrimento.

O espírito aproximou-se e notou que o tônus vital do rapaz estava abaixo do nível. Ele colocou a mão no coração de uma moça que estava perto dele e com a outra fez uma espécie de ponte entre os dois centros de forças daquelas criaturas. Erguendo os olhos para o céu, ele rogou:

– Senhor, desculpe-me fazer-Lhe mais um pedido. Dói-me ver uma criança voltar à pátria espiritual sem ter aprendido quase nada. Mestre Divino, interceda por nós e dê mais um crédito a esse irmão.

Assim que terminou de proferir essas palavras, o garoto voltou a si e disse meio desconfiado e com os olhos arregalados:

– Pessoal, tem um santo aqui perto de mim!

– Vamos, meu irmão! Você ainda está muito louco – disse um colega.

– Você venceu! Meus parabéns! É isso aí, mano – disse outro.

Sandrinho ouviu aqueles comentários e sentiu um mal-estar muito grande, por causa das energias fluídicas concentradas naquela área, capazes de matar qualquer ser indefeso, como uma criança recém-nascida ou um idoso.

Quando passeava em certo lugar, lembrou-se de que era ali que fazia suas viagens embaladas pelas drogas e pensou: "Senhor! Sua lei é imutável e aquele que não cumpri-la, pagará muito caro!".

INFLUÊNCIA ESPIRITUAL

22º CAPÍTULO

Sandro Luís não se conformava em ver o cunhado naquela situação, completamente influenciado pelo espírito Feitosa.

Ficou um longo tempo pensando no que deveria fazer para afastar aqueles espíritos sofredores e ignorantes que atormentavam e influenciavam Cristina Maria, Marcos, Flávio e Júnior, assim como tantos outros encarnados que, devido à imprevidência, falta de esclarecimento ou falta de fé em Deus, facilmente se deixavam induzir por entidades maléficas.

Pensou no irmão Marcos e prontamente se encontrou numa movimentada boate, onde todos se divertiam dançando e bebendo. Assim que entrou, vislumbrou o irmão conversando com uma moça.

Ele já estava meio tonto, embalado por aquela alegria ilusória, que passa quando a pessoa volta ao seu estado normal.

Sandro observou que o irmão falava muito e que, realmente, a moça o amava. Depois de alguns minutos, o rapaz fez sinal para um garçom e pediu mais uma bebida, oferecendo-a para a moça, que não aceitou, pois não bebia. Ao amanhecer, ergueu-se e, quase caindo, foi conduzido para o carro pela namorada.

– Marcos, eu dirijo.

– Tudo bem, querida.

Lídia entrou no carro, assumiu o controle do volante e partiu.

Sandro aproveitou e os acompanhou para tentar descobrir algo que o ajudasse a recuperar aquelas criaturas de Deus.

A namorada do irmão dirigia devagar e com cuidado. Ela comentou:

– Você sabe muito bem que o amo. Sofro muito por saber que você é um alcoólico e que está se acabando aos poucos.

– Deixe de choradeira – falou o namorado, com a língua embolada, gesticulando.

– Iremos ao centro espírita esta semana. Eu sou espírita e só o acompanho a essas casas de divertimentos noturnos para lhe fazer companhia.

– Não me fale nesse tal de Espiritismo, Lídia! Isso é coisa de gente pobre, ignorante e alienada!

– Você está muito enganado. O Espiritismo é uma Doutrina santa, que nos ensina algo de bom para meditarmos e tentarmos seguir os ensinamentos do Mestre Divino e dos espíritos superiores. É através desses ensinamentos que venceremos nossas dificuldades e caminharemos na direção do Pai.

Neste momento, Sandro notou que havia uma entidade perto dele dentro do carro. Observou e percebeu a nobreza daquele espírito em missão, atraído para o carro porque a moça falou em Deus com tanto fervor que a espiritualidade superior a escutou e resolveu ajudá-la.

Sandro saudou o espírito com um aceno de cabeça e disse:

– Minha irmã, que a paz do Senhor esteja conosco!

– Assim seja, meu irmão. Meu nome é Adália.

– Pode me chamar de Sandro.

Ambos entabularam um diálogo e logo o carro estacionava na garagem da mansão onde Marcos morava.

Sandro disse para a nova amiga:

– Vou entrar e tentar fazer algo pelo Marcos.

– Se você não se importa, também irei acompanhá-lo. Preciso apoiar minha querida Lídia, pois recebi ordens para ajudá-la no que for preciso.

– Desculpe-me, minha irmã, porém estou curioso para saber por que você recebeu ordens para proteger e ajudar Lídia.

– Meu bom amigo e irmão, essa moça é muito querida na espiritualidade superior, tendo em vista que ela conseguiu o respeito e afeto dos enviados de Jesus, em virtude do bem que já fez aos nossos irmãos.

– Irmã Adália, eu ainda não entendi.

– Além de ter um coração de ouro, ela é espírita. Sofre muita pressão da família para renegar a sua fé, porque todos são ricos e materialistas. A moça não renuncia o caminho que escolheu por ser uma verdadeira cristã, ajudando sempre os necessitados, sejam encarnados ou desencarnados.

Sandro baixou a cabeça e ficou com vergonha de si, pois nada fizera quando encarnado para merecer tanta consideração dos espíritos do bem.

Adália leu os pensamentos do amigo e irmão em Cristo.

– Meu querido, não adianta relembrar o passado. O que importa é nosso presente, porque o futuro depende muito dele – disse ela, tentando animar o rapaz. – O Pai Eterno é tão bom que não abandona nenhum de Seus filhos.

– Minha irmã, se você conhecesse a minha história, não pensaria assim.

– E se você conhecesse a minha, também não me olharia com tanta veneração. Além disso, tenho certeza de que você fez algo para receber esta nobre missão que ora está cumprindo na Terra como espírito.

O espírito encarou aquela bela mulher e pensou que talvez ela tivesse uma história muito pior do que a dele.

– Vamos entrar, Adália – convidou ele. – Você já sabe que a sua protegida namora o meu irmão?

– Sei disso há muito tempo.

– Minha irmã, como você vai fazer para ajudar a Lídia?

Adália fez um sinal com o dedo na boca, pedindo silêncio.

– Vamos começar o nosso trabalho? – convidou Adália em voz baixa.

– O que você vai fazer?

Ela não respondeu e subiu a escada, sendo acompanhada por Sandro. Eles adentraram o quarto de Marcos e o encontraram dormindo sob o efeito do álcool que havia ingerido naquela noite.

Lídia tirou a roupa do namorado e o acomodou na cama com muito carinho. Depois se sentou numa cadeira e começou a fazer uma prece: "Meu Jesus, ajude esse pobre homem. Sei que ele é bom e tem um coração muito sensível, por isso não está aguentando a dor que traz em seu coração, se sentindo o causador da desgraça que se abateu sobre o irmão. Também Lhe peço que ajude o Sandro onde ele estiver. Que assim seja". Depois se levantou e foi embora.

Sandro ficou surpreso com a prece e imediatamente olhou para Adália e perguntou-lhe:

– Você sabia disso?

– Sabia.

– Meu Deus! Então o Marcos pensa que causou o que aconteceu comigo quando eu estava encarnado?!

– Sim, meu querido.

– E por que o meu irmão acha isso, inclusive sentindo-se responsável pelo meu envolvimento com as drogas?

– Quando você deixou a empresa e consequentemente sua família, ele começou a namorar Alessandra para se vingar, por despeito, inveja e ciúme que nutria por você, considerado o filho querido da família. Depois que o visitou no hotel, viu a sua situação e ouviu os motivos que o levaram àquela vida, então arrependeu-se profundamente. Daí não teve mais paz e para esquecer a voz forte de sua consciência, começou a beber, tornando-se um alcoólico.

– Coitado do meu irmão, Senhor!

– Temos que mostrar para o Marcos que ele não é culpado pelo que aconteceu, pois nós é que somos responsáveis pelo que acontece conosco.

– Você também conhece a minha história?

– Sim, através de Lídia, que está cansada de ouvi-la de Marcos, principalmente quando ele está depressivo e relembra o que aconteceu com você.

O irmão de Marcos ficou em silêncio, enquanto pensava: "Como o Dr. Antônio do Carmo é sábio! Sem que eu percebesse, enviou alguém para me ajudar".

– O que podemos fazer por eles, principalmente pelo meu irmão? – indagou o rapaz preocupado.

– Estou aqui para, juntos, pensarmos em uma solução.

– Mas eu não consigo chegar a nenhuma saída.

– Lembre-se do ensinamento de Jesus, durante o seu apostolado, que diz "Seja feita a vontade de Meu Pai que está nos céus".

Envergonhado, o amigo de Adália baixou a cabeça, entendendo que a fé em Deus é fundamental em tudo que fazemos neste universo.

– Vamos a um lugar por onde iniciaremos nossa ajuda ao seu irmão e à minha querida Lídia.

PRONTO-SOCORRO AVANÇADO

23º CAPÍTULO

Sandro quis falar alguma coisa, mas não pôde, pois no mesmo instante ambos foram transportados para um prédio simples, envolto num halo de luz completamente diferente da claridade do dia. Ele notou que amanhecia, entretanto a luz do sol era pálida, se comparada com os raios que partiam daquela simples casa. Ficou extasiado, observando a beleza da edificação.

– Adália, que prédio é esse?

– É um centro espírita, ou seja, um pronto-socorro avançado da Colônia Espiritual Luz Eterna aqui na Terra, que presta atendimento de urgência aos vários irmãos enviados pelos espíritos responsáveis por esse nobre trabalho.

– O meu cunhado era espírita e falava muito em centros espíritas, todavia eu ainda não tinha visto um de perto – comentou o amigo, admirado com o prédio iluminado. – Começo a entender que um pronto-socorro desses deve ser muito importante nos primeiros atendimentos prestados aos nossos irmãos sofredores.

– Meu irmão, começaremos o trabalho de recuperação do Marcos por aqui.

– Quando começaremos a trabalhar?

– Hoje à noite.

– E como faremos para trazer o Marcos?

– Temos que ir com calma.

– Irmã, estou curioso para saber uma coisa.

– O quê?

– Por que o centro está envolvido por esta luz diferente?

Sorrindo, Adália pôs a mão no ombro do colega de trabalho, pensou e depois respondeu:

– Você já se esqueceu do que lhe falei? Este centro espírita é um pronto-socorro avançado de uma Colônia. Sendo assim, essa luz é a proteção que evita as investidas dos espíritos infelizes, que sempre lutaram para obstar as obras de Jesus, o Governador Espiritual deste Planeta.

– Podemos entrar?

– Sim.

No mesmo instante, eles se encontraram dentro do centro.

Sandro se surpreendeu com a organização e a preparação que havia dentro daquela casa. Ele ficou curioso com algo que via, então indagou à amiga e irmã Adália.

– Por que essa casa tem uma estrutura material interna muito diferente da parte externa? – perguntou ele. – Aqui dentro é muito maior do que podemos imaginar e há uma intensa movimentação de espíritos dentro e ao seu redor.

– Lembre-se de que o mundo material é igual ao mundo espiritual, só que ambos se encontram em dimensões diferentes. O mundo material é tridimensional, pois os encarnados conhecem apenas três dimensões – altura, largura e comprimento –, enquanto o mundo espiritual foge completamente do nosso entendimento, tendo em vista que suas dimensões são desconhecidas para os encarnados. Os nossos pobres cinco sentidos não têm condições de detectar nada mais além do tato, olfato, visão, paladar e audição. É por isso que as faculdades que os médiuns possuem são raras, visto que eles podem ver, ouvir, sentir e cheirar aquilo que a maioria das pessoas não consegue através dos sentidos físicos. Os estudiosos ainda não conseguiram provar cientificamente a existência dessas faculdades, porém o fato é que elas existem.

– Você quer dizer que um centro espírita, na realidade, não é uma simples construção como outra qualquer?

– Exatamente. Interpenetrada com o prédio que os olhos dos encarnados enxergam, existe uma estrutura preparada para atender aos irmãos encarnados e desencarnados. Ainda há outra edificação, construída em outra dimensão, que é vista apenas pelos espíritos desencarnados e pelos médiuns, conforme informações dos espíritos superiores.

Sandro Luís meditou sobre as palavras da irmã Adália e depois falou entusiasmado:

– Minha amiga, vamos à luta!

Adália se sentiu muito alegre por ter notado tamanho otimismo no semblante do colega. Ela encaminhou-se a um senhor de aspecto bondoso e o cumprimentou:

– Irmão Idalino, tenho a satisfação de apresentar ao Senhor o Sandro Luís. Ele é irmão de Marcos, namorado de Lídia, a nossa companheira de trabalho.

Sandro respondeu ao cumprimento, contudo ficou sem saber o que dizer, pois não conhecia o homem ao qual fora apresentado. No mesmo momento Adália explicou:

– O Irmão Idalino é o dirigente espiritual desta instituição espírita. Ele trabalha de comum acordo com o irmão Rômulo, o presidente encarnado.

Ambos se cumprimentaram com um abraço fraternal.

Idalino enlaçou o novo amigo pelos ombros e o convidou a entrar em sua sala particular.

– Conheço o problema de vocês através de Lídia e Adália, por isso quero tranquilizá-lo, pois faremos tudo que estiver ao nosso alcance para ajudá-lo em sua missão.

Os três espíritos se dirigiram para uma sala muito bem equipada, semelhante a um centro cirúrgico. Ao adentrar o ambiente, o espírito Sandro observou os aparelhos e notou que eram idênticos àqueles existentes em determinados hospitais, sendo os primeiros mais aperfeiçoados.

Havia várias espécies de capacetes ligados às cadeiras da sala, enquanto uma luz verde envolvia todo o ambiente.

Sandro não conteve a curiosidade e perguntou:

– Desculpem-me, mas vocês poderiam me explicar que aparelhos são esses?

Com um sorriso estampado no rosto, Idalino explicou-lhe:

– Meu irmão, esta sala funciona como uma Unidade de Terapia Intensiva, a exemplo dos hospitais dos encarnados. Se um irmão, tanto encarnado como desencarnado, necessita de um tratamento mais intenso, imediatamente indicaremos esta sala sob a orientação dos responsáveis pelo setor. A finalidade é atender ao paciente em caráter de urgência, ministrando-lhes os primeiros socorros. Após esse processo, o enviamos para os setores mais sofisticados, em lugares mais próximos da Colônia, onde o tratamento vai se tornar mais eficaz.

O irmão de Marcos gesticulou como se tivesse entendido e anuiu com um gesto de cabeça.

Idalino os convidou para se acomodarem. Eles traçaram planos mais eficazes no tratamento daqueles que estavam cadastrados na instituição. Os parentes de Sandro incluíam-se no referido cadastro.

– Irmão Idalino, por onde começaremos? – perguntou Adália, encarando o amigo.

Idalino apertou um botão estrategicamente posicionado sobre uma mesa com tampo transparente e uma tela branca surgiu na parede. Em seguida, apareceram várias fotografias, com os dados pessoais de cada pessoa fotografada, inclusive o tipo de doença da qual eram portadoras. Essas fotografias assemelhavam-se a filmes, pois as pessoas ali mostradas eram observadas na íntegra e se movimentavam.

Sandro estava pasmo com o que via. Sem se conter, perguntou:

– Irmão, todos que necessitam de ajuda estão cadastrados nesta instituição?

– Exato. Os que estão cadastrados e aparecem neste aparelho são aqueles que necessitam urgentemente de tratamento e foram enviados pelo nosso diretor-chefe. Ele é o responsável por todas as instituições espíritas orientadas pelos mensageiros do Senhor, existentes no planeta Terra e ligadas à Colônia Espiritual Luz Eterna.

Sandro queria saber se os seus parentes faziam parte daquele cadastro, o que foi prontamente percebido pela irmã Adália.

– Você quer perguntar algo?

– Não vou atrapalhar vocês?

– Meu irmão, estamos aqui para isso. Fique à vontade – respondeu Idalino.

– Se fosse possível, desejaria saber se os meus parentes,

principalmente os mais necessitados, estão incluídos nesse cadastro de tratamento.

– Você está preparado para ver a real condição dos seus parentes? – perguntou Idalino, olhando de soslaio para a irmã Adália.

O rapaz empalideceu, pois entendeu que veria quadros que não gostaria que fossem reais. Mesmo assim, respondeu:

– Estou preparado. Seja o que Deus quiser!

Idalino mexeu em alguns botões e pediu que ele observasse a tela. À medida que as fotografias móveis passavam, Sandro começava a estremecer.

Adália o ajudou a se acalmar, colocando-se atrás dele e posicionando a mão numa parte estratégica de sua cabeça, sentindo que ele melhorava e voltava a prestar atenção nas imagens sem ficar nervoso. Numa das fotografias móveis, ele pediu ao amigo:

– Por favor, meu irmão Idalino, congele esta imagem.

Sandro a analisou e de repente, controlado, pôs-se a chorar. Vislumbrou seu filho agachado, com mais dois amiguinhos, fumando num cachimbo improvisado uma droga que ele conhecia bem. Era um entorpecente perigosíssimo, que tem um poder muito grande de destruição e de dependência. "Foi essa droga que acabou comigo", pensou. Viu o garoto colocar uma pedra no cachimbo e fumar até ficar agitado e com os olhos vermelhos e embaçados. Depois Júnior se sentou e comentou com um dos amigos:

– Vai lá, mano! Vamos aproveitar, pois o efeito desse bagulho passa rápido!

Idalino continuou exibindo as fotos.

O rapaz viu um homem idoso, sentado numa sala escura, despachando ordens para aqueles que estavam no ambiente. Ele pediu para Idalino fazer uma pausa e analisou melhor aquele que parecia ser o chefe. Descobriu que era seu pai, em espírito, dominando vários outros espíritos levianos.

– Meu amigo Sandro, lamento dizer que o epicentro de todos os problemas que você veio tentar resolver é este, o seu próprio pai – disse Adália apontando para as imagens.

– Meu pai não pode ser tão mau assim!

– Meu irmão, há um ditado popular que diz: "Quem vê cara não vê coração".

– Não é possível que aquele homem, um chefe de família exemplar, cumpridor de suas obrigações, preocupado com a família e, principalmente, com o bem-estar dos filhos, fosse alguém tão perigoso. Durante toda a minha vida nunca o vi maltratar alguém, sendo um verdadeiro santo para a minha mãe.

Adália aproximou-se do amigo e o abraçou, enquanto esclarecia a dúvida dele:

– Meu querido, atrás de uma boa aparência se encontra aquilo que não gostaríamos de ver. O seu pai é líder e chefe de quadrilhas do mal, tanto encarnadas como desencarnadas. Tudo que aconteceu com você foi armado por ele, para desorganizar a família e beneficiar a si e à quadrilha que sempre agiu sob as suas ordens.

Sandro baixou a cabeça, como se não quisesse acreditar, respirou fundo e ficou em silêncio.

– Adália, por que você diz que ele é o responsável por tudo?

– Meu amigo e irmão, há coisas que estão evidentes e não necessitam de explicações.

– Então, o meu filho também está sendo influenciado por ele?

– Claro. Mas o Júnior já tinha tendência para consumir drogas, principalmente depois que ficou sabendo que o pai também fora um usuário contumaz. Agora o Feitosa está usando o neto para transformá-lo num futuro traficante e assim poder atender às suas necessidades de bandido do além.

– E por que Deus deixa que ele tenha sucesso em suas armadilhas?

– Cuidado, meu irmão – alertou Idalino, fitando o rapaz com ar sério. – Não fale assim, pois você está cometendo um erro tão grave quanto o dele.

O espírito em missão baixou a cabeça e começou a chorar. Depois, ergueu os olhos para o céu e pediu:

– Perdoe, Pai Eterno, este Seu filho pequeno, porque às vezes ele não sabe o que diz!

– Se o Júnior e os outros familiares estão sendo influenciados por seu pai, a culpa é somente deles – disse Adália. – Feitosa apenas usa as tendências de cada um.

– O que faremos daqui por diante?

– Devemos trabalhar e orar, para que o seu pai possa ser neutralizado através de um tratamento – explicou a amiga. – Só assim os espíritos malfeitores ficarão sem o chefe deles.

Adália fitou o amigo Idalino e prosseguiu com sua explicação:

– Começaremos o trabalho de recuperação daqueles que você veio ajudar, porque somente assim a força do mal exercida sobre eles diminuirá consideravelmente. Teremos, dessa forma, o campo livre para implantar o Evangelho de Jesus nos seus corações.

– Com o afastamento do nosso irmão Feitosa, as coisas deverão se tornar mais fáceis, pois, por um bom tempo, os filhos do sofrimento ficarão sem liderança – completou Idalino.

– E como faremos para afastar meu pai desse comando?

– Seu pai é o testa de ferro de um terrível chefe das trevas. Nesse momento, ele já sabe de todos os nossos planos, mas estamos contando com o elemento surpresa – respondeu Idalino.

– Não entendi, irmão.

– Ele quer dizer que o Feitosa não é o elemento mais perigoso e sim o espírito maléfico que está por trás de tudo – ajudou Adália.

– E qual é a solução? Vocês estão deixando-me inquieto!

– Conhecemos uma peça importante no esquema desses bandidos do além-túmulo – informou Idalino.

– Qual?

– Flávio, o seu ex-cunhado.

– Faz tempo que estamos estudando os passos dele, principalmente após os vários pedidos da nossa irmã Lídia, que foram atendidos pelos irmãos superiores, em virtude do crédito que ela tem na espiritualidade – também informou Adália.

Sandro pensou: "Meu Deus, como é complicado tudo isso! Se os encarnados soubessem disso, jamais se afastariam de Deus".

– Por que o Flávio? – inquiriu ele preocupado.

– O seu ex-cunhado faz parte da quadrilha e é o homem de confiança de Feitosa, portanto vamos usá-lo para atrair o chefão e com isso desbaratar a quadrilha – respondeu Idalino. – Flávio está acima de qualquer suspeita, pois faz tudo que o espírito do ex-sogro quer, além disso, ele já foi espírita.

– Meus amigos, desculpem-me novamente, mas quem poderia atrair Flávio para atingirmos os nossos objetivos?

– Você, é claro – respondeu Adália.

– Sou um espírito desencarnado, esqueceram-se?

– Um espírito desencarnado, apesar de não ter um corpo material, pode atuar na matéria através dos fluidos do encarnado, do ambiente e de si próprio.

– Irmão Idalino, mais alguma coisa? – perguntou Sandro, após meditar sobre a situação.

– Sim. Além de atrairmos o Flávio, vamos precisar de um médium, um intermediário entre os dois planos, para nos ajudar no trabalho de desobsessão.

– Não consigo pensar em ninguém com essa faculdade e em condições de atender às nossas necessidades.

Idalino olhou para Adália e, como se estivessem combinados, calaram-se.

Sandro ficou curioso e perguntou meio desconfiado:

– O silêncio de vocês me incomoda. Parece que não querem que eu tome conhecimento dos seus planos.

– Existem três pessoas que, se estiverem dispostas a cooperar, nos ajudariam a ganhar essa guerra – disse Idalino, sorrindo.

– Quem são essas pessoas?

– Alessandra, Eveline e Sandrinha.

Surpreso, imediatamente o espírito rebateu:

– Não é possível! Elas são as únicas que não caíram nas armadilhas desses espíritos infelizes!

– Por isso mesmo, meu caro irmão.

– Não se pode fazer tudo isso sem a presença da minha filha Sandrinha?

– A participação de sua filha é a mais importante, pois com a grande proteção que existe sobre ela, poderíamos resolver tudo isso mais rapidamente. Entretanto, em virtude de sua pouca idade, não é aconselhável que a envolvamos nesse processo.

Sandro Luís pensou bastante e, após alguns minutos, demonstrando ainda estar preocupado, disse:

– Seja feita a vontade de Deus!

A LUTA

24º CAPÍTULO

No início da noite, Idalino, Adália e Sandro se reuniram no centro espírita, com a finalidade de observar as reuniões realizadas pelos encarnados, que atendiam a todos os irmãos necessitados, principalmente nos tratamentos de urgência.

Sandro Luís, querendo aumentar seus conhecimentos, não cessava de fazer perguntas, pois estava surpreso com o movimento que presenciava naquela instituição espírita.

– Como é o nome dessa reunião e a que tipo de espíritos os nossos irmãos vão atender?

– A reunião que veremos logo mais é chamada "desobsessão" e tem como ponto fundamental a cura daqueles irmãos cadastrados – respondeu Idalino com paciência.

– Quem é o responsável por essa reunião no mundo material?

– Depende. Existem centros onde o próprio presidente dirige a reunião, mas em algumas instituições, ela é dirigida por uma pessoa previamente indicada pelo próprio presidente, que por sua vez recebeu da espiritualidade orientações nesse sentido. Essa reunião é muito importante para a recuperação de vários irmãos infelizes, principalmente daqueles que estão sofrendo ataques de espíritos obsessores, daí o nome "reunião de desobsessão".

– Então, a sala equipada com aqueles aparelhos serve para isso?

– Depende de cada paciente. O aparelho fundamental usado na recuperação dos nossos irmãos é o médium. Esses sensitivos são preparados, antes de reencarnar, para servirem como intermediários entre os dois mundos.

– Então o médium é mais importante que um daqueles aparelhos?

– Exatamente. O médium transmite tudo, ou quase tudo, que o espírito desencarnado quer passar para o mundo material. Assim os dirigentes encarnados e desencarnados dessas atividades entendem os motivos que levaram esses irmãos a passarem por tanto sofrimento.

– E quem autoriza a realização dessa reunião?

– Vários centros espíritas instituem essas reuniões, contudo os que as caracterizam como "reuniões de desobsessão" são os espíritos superiores, depois de as analisarem com um critério bastante rígido, principalmente com relação às condições dos médiuns.

– Como o presidente encarnado do centro espírita toma conhecimento do que acontece no plano extrafísico?

– Através de comunicações mediúnicas, orientações evangélicas e dedicação total ao trabalho na seara do Mestre.

– E como os dirigentes dessas reuniões ficam sabendo quais são as pessoas que devem atender em cada reunião?

– O verdadeiro trabalhador do Cristo não pode ficar preocupado com detalhes. Sua preocupação deve estar voltada para a realização do bem em nome de Deus e do Nosso Mestre. A partir do momento em que a reunião estiver revestida de um caráter sério e cristão, a espiritualidade estará a postos, cuidando de tudo, inclusive orientando os dirigentes e trabalhadores a agirem de forma correta, porque o êxito nas curas dos nossos irmãos necessitados depende da seriedade daqueles que trabalham na seara de Jesus.

Sandro ficou calado e pensativo: "Como os espíritos de Deus são sábios!" Ele não conteve a curiosidade e fez mais uma pergunta:

– Quem dirige a reunião de desobsessão desta instituição?

– O próprio presidente da casa, Rômulo. Ele é um médium que exerce suas funções sempre com muito cuidado, para não se deixar influenciar pelos espíritos inferiores. Ele sabe que sou o dirigente da casa do lado espiritual, dando-me o título de mentor, o que acho desnecessário visto que, para trabalhar não precisamos de títulos. Todavia, respeitamos as normas da casa e todos que fazem um trabalho voltado para o bem.

– Meus irmãos, observemos a reunião que começa agora – pediu Idalino, com voz calma, porém firme.

Naquele momento, em uma sala previamente preparada para aquele fim, havia doze pessoas de ambos os sexos. Todas entraram em silêncio, procuraram seus lugares e se sentaram. A seguir, entrou um senhor muito simpático e com feições enérgicas. Observou-se que uma luz muito forte o acompanhava, identificada como uma entidade de grande elevação espiritual, que tinha a missão de proteger a reunião contra as investidas dos agentes das trevas.

Rômulo sentou-se e cumprimentou a todos, depois pediu a alguém para ler um trecho de "O Evangelho Segundo o Espiritismo" e logo em seguida leu uns nomes relacionados num livro sobre a mesa, pedindo a todos que fizessem vibrações por aquelas criaturas. Após alguns minutos, ele fez uma prece.

Neste exato momento, Sandro observou que as paredes daquela sala se dilataram, permitindo-o que observasse centenas de espíritos doentes sendo atendidos pelos vários médicos e enfermeiros desencarnados.

Ele olhou para Adália, que esclareceu-lhe:

– Meu querido, como a reunião está investida de um caráter cristão, o seu comando está sob a orientação da espiritualidade superior.

Sandro procurou Idalino para perguntar algo, mas não o viu. Adália informou-lhe:

– Ele está na direção dos trabalhos, pois é o responsável por este centro espírita diante da espiritualidade superior.

O espírito entendeu e ficou em silêncio.

Idalino estava sentado em sua sala particular, onde podia ser visto dirigindo, através de aparelhos fluídicos, a ação dos médiuns, inclusive retirando da mesa aqueles que não se encontravam em condições de servir de intermediários naquela noite.

Após a reunião e das atividades do centro espírita, no campo material, os três amigos se reuniram numa sala privativa, para discutir estratégias e assim iniciarem o trabalho de ajuda aos espíritos necessitados, principalmente aos parentes de Sandro. Enquanto eles procuravam um meio de atingir os seus objetivos, as atividades do lado espiritual da instituição prosseguiam.

Idalino começou a planejar o método que eles colocariam em prática na próxima reunião. Ele explicou, em seus mínimos detalhes, quando, como e quem faria parte da operação de resgate dos irmãos infelizes que estavam sob a influência dos espíritos maus. Ele olhou para Sandro e pediu:

– Meu querido irmão, sua missão, a partir de agora, é fazer com que Flávio esteja aqui na próxima reunião, porque somente através dele atingiremos nossos objetivos.

– Como farei para trazer o Flávio até aqui, na reunião que será daqui a oito dias?

– Tenha fé em Deus e peça orientações aos nossos irmãos superiores, pois eles saberão como conduzir o seu ex-cunhado à reunião.

Sandro calou-se.

O dirigente espiritual prosseguia com o seu trabalho e ajudava os irmãos previamente cadastrados.

– Você tem outra tarefa muito delicada: fazer com que Alessandra, Eveline e Sandra venham para o centro espírita – alertou Idalino, fitando o rapaz com um sorriso.

Sandro Luís quis redarguir, porém calou-se.

Depois de planejarem todos os detalhes da operação que logo poriam em prática, despediram-se e cada um foi para o seu lado.

Adália havia recebido uma tarefa no que se referia à Lídia e que também envolvia Marcos.

Sandro olhou para o relógio do centro e verificou que era quase meia-noite.

Pensou no ex-cunhado e subitamente se encontrou num apartamento muito luxuoso, onde Flávio encontrava-se deitado num sofá, com um copo de bebida na mão, pensando numa maneira de tirar tudo que pertencia à família do finado Feitosa. Não conseguia encontrar uma saída que não oferecesse perigo. Ele sabia muito bem que poderia se dar mal com aquele plano, pois ainda existia na família uma pessoa muito inteligente, capaz de descobrir qualquer falcatrua e mandá-lo para a cadeia.

Sandro pediu a Deus e aos amigos espirituais orientações para cumprir com êxito aquela tarefa. De repente ele ouviu uma voz dentro de si: "Meu filho, use sua inteligência, pois isso você tem de sobra". Ele descobriu que era o Dr. Antônio do Carmo quem lhe falava. Neste momento ele pensou: "Preciso encontrar uma maneira de deixá-lo com medo, para que ele procure, imediatamente, o centro espírita em busca de recursos".

Flávio foi até a cozinha e pegou uma garrafa de bebida, enquanto continuava a pensar no plano que tentava armar contra a família da ex-mulher.

Sandro colocou a mão sobre a garrafa e com a vontade do pensamento transformou aquela bebida em algo que fizesse mal ao ex-cunhado.

Flávio precisava ter medo suficiente e urgente para que procurasse imediatamente o centro espírita.

Sandro Luís sentiu que sua mão ficava diferente, como se estivesse queimando. Depois acompanhou o ex-cunhado até a sala para conferir de perto o resultado de sua ação.

Flávio tomou um gole da bebida e após alguns minutos sentiu um grande mal-estar fazendo-lhe suar frio, acompanhado de um medo terrível, a ponto de correr diretamente para o banheiro e vomitar. Ele suava frio, quando resolveu pegar o carro e se dirigir para um hospital. "Devo estar muito mal", pensava o homem, enquanto se dirigia ao pronto-socorro.

No setor de urgência, ele se consultou com o médico de plantão, que lhe aconselhou bastante repouso e pediu alguns exames com urgência.

O espírito acompanhou Flávio ao hospital, observando se o seu plano estava dando certo.

O ex-marido de Cristina Maria voltou para casa assustado, pensando: "Acho que vou morrer! E agora, o que farei meu Deus?"

Sandro sorriu com o pensamento e aproveitou para falar em seu ouvido:

– Meu irmão, vá ao centro. Lá você sempre encontrou cura para os seus males.

O ex-marido de Cristina ficou espantado e ao mesmo tempo alegre, pois pensou numa ótima maneira de encontrar recursos, já que acreditava piamente no Espiritismo, embora estivesse afastado. Ele pensou: "Amanhã mesmo irei ao centro fazer uma consulta. Talvez sejam energias fluídicas ruins de espíritos que estão me assediando".

No dia seguinte, no escritório, Flávio não ficou quieto um único instante, sempre com ânsia de vômito e dor no estômago. Quando a noite chegou, correu ao centro espírita e solicitou atendimento com urgência pelo irmão Rômulo, substituto de Valdomiro, que havia desencarnado.

Assim que entrou na sala de atendimento, foi cumprimentado por Rômulo, que logo lhe perguntou:

– Meu irmão, em quê posso servi-lo?

– Irmão Rômulo, faz tempo que deixei de frequentar o centro, mas hoje estou voltando. Vim porque aconteceu um sério problema comigo.

Ele narrou todo o ocorrido e depois perguntou.

– Então, irmão, o que está acontecendo?

Rômulo respondeu-lhe, orientado pelos espíritos do bem:

– Meu amigo, você está sob a forte influência de espíritos inferiores.

– O que você me aconselha?

– Que faça um tratamento espiritual, que inclui passes, assista às reuniões públicas e participe dos estudos doutrinários. Agora procure repousar e inicie imediatamente o tratamento.

– Tudo bem, é o que farei.

O doente passou a evitar bebidas alcoólicas e teve o cuidado de não faltar as reuniões.

Enquanto isso, Sandro entrou em contato com Alessandra, Eveline e Sandra, tentando encontrar uma maneira de levá-las à reunião, que se aproximava. Com muito trabalho, conseguiu com que Alessandra procurasse um centro espírita para tratar Júnior, visto que o caso dele, a cada dia, ficava mais grave. Enfim, ela resolveu aceitar as orientações que recebia, por via intuitiva, do espírito Sandro.

Certa noite, quando Júnior chegou, Alessandra o esperava na sala. Após os cumprimentos, ela disse-lhe:

– Júnior, quero falar com você.

– Mamãe, eu estou cansado. Amanhã nos falamos.

– Quero conversar com você agora – disse ela com voz firme e autoritária. – Sente-se, por favor.

Júnior observou que a mãe falava sério, então resolveu ceder.

– Meu filho, sempre fui contra qualquer religião, todavia tenho sonhado com o seu pai pedindo para frequentarmos um centro espírita. Lá, ele diz que encontraremos o esclarecimento suficiente para resolvermos aqueles problemas que não sabemos explicar – disse a mãe com cuidado para não espantar o adolescente.

Quando ouviu a mãe falar em centro espírita, Júnior, que estava meio desligado da conversa, ergueu-se surpreso e encarou-a com os olhos arregalados.

– Mamãe, a senhora está ficando maluca? – perguntou ele pálido. – Nunca assistimos sequer à uma missa, exceto quando minha avó era viva e agora a senhora quer nos levar para a macumba?

– Não conheço o Espiritismo, mas sei que se trata de uma Doutrina muito bonita. Tenho algumas informações sobre essa religião, porque o seu tio Flávio, quando era espírita, sempre conversava comigo a esse respeito.

– E por que só agora a senhora teve vontade de frequentar um centro espírita?

– Porque precisamos ficar mais perto de Deus. Além disso, tenho sonhado muito com o seu pai.

– Ora, mamãe! O papai nunca gostou de religião e agora por que ele pediria, em sonho, que nós frequentássemos um centro espírita? – perguntou o adolescente, com ar irônico. – Se pelo menos fosse uma igreja católica, mas logo um terreiro de macumba? Sinceramente, não consigo entender.

– Júnior, você conhece toda a história do seu pai?

– Mais ou menos.

– Filho, talvez o seu pai esteja nos orientando para sairmos do caminho no qual você se encontra atualmente.

Júnior ergueu-se de repente da cadeira e perguntou, fitando a mãe impaciente:

– O que a senhora está insinuando?

– Não estou insinuando nada. Tenho absoluta certeza do que falo.

– Do que a senhora tem certeza, mamãe?

– De que você está metido com pessoas de má fama, viciadas em entorpecentes nocivos à saúde.

– Mãe, a senhora está insinuando que sou um viciado?

– Júnior, eu sei que você é um dependente químico, por isso quero salvá-lo enquanto é tempo.

– A senhora pensa que vou enveredar pelo mesmo caminho do meu pai?

– Sinto que se não tomarmos providências urgentes e sérias, o seu fim será o mesmo do seu pai.

– Mamãe, eu não sou fraco como o meu pai!

– Não estou dizendo isso. O que proponho neste momento é que busquemos recursos para que você saia dessa vida enquanto é tempo.

Júnior quis se alterar, mas logo sentiu um calafrio, como se estivesse sentindo a presença de alguém e se sentou amedrontado, olhando para os lados.

– Estou tremendo. O que é isso, mãe?

Alessandra ficou mais tranquila, pois intuitivamente sabia que Sandro estava presente na sala e que o seu amado cuidava do filho, mesmo em espírito.

– Meu filho, talvez seja o seu pai que esteja conosco neste momento.

– Vire sua boca pra lá, mãe!

– Por isso é que devemos ir a um centro espírita.

– Por que a senhora está insistindo tanto nisso?

– Temos que nos consultar com alguém que entenda dessas

coisas que você sente e que ainda não podem ser explicadas pela ciência oficial.

– Não sinto nada, mamãe.

– Então por que está com medo e sentindo calafrios?

– Bobagens!

Alessandra se calou por alguns minutos e ouviu uma voz interior dizendo: "Querida, marque logo o dia em que vocês irão ao centro, enquanto o Júnior ainda está com medo".

– Filho, amanhã mesmo faremos uma consulta e aproveitaremos para conhecer um centro espírita.

Júnior fez um gesto afirmativo com a cabeça. Depois se retirou.

Alessandra ficou pensando: "O primeiro passo para a recuperação do meu filho foi dado. Tenho fé em Deus que ainda não é tarde".

Pegou o telefone e ligou para Flávio, perguntando sem muito preâmbulo, pois não confiava mais nele, desde que ela andou conferindo a contabilidade da empresa:

– Alô, Flávio? Você poderia me passar o endereço do centro espírita que frequentava?

Flávio estremeceu com aquele telefonema, pois sabia que ela conhecia profundamente os negócios da família, então discretamente procurou fazer uma sondagem:

– Alessandra, há quanto tempo! Como você está passando?

– Muito bem, obrigada.

– Você sabe que voltei a frequentar o centro espírita?

– Não. Mas fico contente em saber disso. Por favor, se possível, você poderia me passar o endereço do centro?

Com muito cuidado para não deslizar nas palavras, ele passou o endereço por telefone e depois a ouviu falar secamente:

– Muito obrigada – e desligou.

Flávio ficou desconfiado com o telefonema, pois sabia que Alessandra não tinha religião e agora queria frequentar o mesmo centro que ele.

Na mesma noite, Eveline conversava com a filha.

– Minha filha, tenho sonhado com o seu pai pedindo-me para frequentarmos um centro espírita. O que você acha disso?

– Acho ótimo.

– E você conhece algum centro espírita?

– A minha amiga é espírita. Amanhã vou perguntar qual o centro que ela frequenta.

– Faça isso, minha filha, pois temos que fazer a vontade de seu pai.

Após esses contatos com Alessandra, Eveline, Sandra e Flávio, Sandro ficou bastante contente, porque tudo estava acontecendo de acordo com seus planos. Imediatamente, foi se encontrar com os amigos Idalino e Adália.

– Meus amigos, acho que teremos a presença de todos aqueles que devemos ajudar – disse, assim que os encontrou.

Os amigos se entreolharam e se mostraram contentes com a notícia.

Adália aproveitou a oportunidade para também dizer:

– Quanto ao Marcos, Lídia conseguiu fazê-lo prometer que estaria no centro no dia da reunião combinada para o trabalho.

O dirigente espiritual sorriu e comentou, com sua calma habitual:

– Vamos pedir a Deus que Ele conceda a oportunidade de fazermos o nosso trabalho, que consiste na libertação espiritual dessas criaturas da influência dos espíritos ignorantes.

– Será que Feitosa não vai atrapalhar os nossos planos? – perguntou Adália.

– Claro que ele fará de tudo para não deixá-los ir à reunião, porém vamos nos manter atentos, para que a nossa tarefa não sofra as investidas desse infeliz.

Feitosa estava em reunião com os seus comparsas e esbravejava, dizendo impropérios:

– Não é possível que eu só tenha incompetentes como meus auxiliares!

– Por que você está nos chamando de incompetentes? – perguntou um dos espíritos seguidores de Feitosa.

– Porque o Sandro, aquele filho ingrato, depois de muito sofrer, conseguiu a ajuda do pessoal da luz e está trabalhando para atrapalhar os meus planos.

– E o que temos a ver com isso? – perguntou um deles.

– Tudo! Vocês deveriam estar atentos, no entanto até aquele imbecil do Flávio está caindo na armadilha deles, sendo ajudado pelo Sandro!

– O seu ex-genro sempre falou nesse tal de Espiritismo e mesmo assim você confiava nele – disse outro ironicamente.

– Não me interessa o que você pensa! Neste momento, o que importa é evitarmos que eles atrapalhem nossos planos. Já imaginaram se o chefe sabe disso? Muita gente vai sofrer por causa da incompetência de vocês!

– O que você nos aconselha?

– Nem sei por onde começar, porque a armadilha deles está sendo bem preparada, segundo informações dos meus homens.

– Então não coloque a culpa em nós, visto que o problema é somente seu, por ter confiado demais naquele elemento, seu genro – falou irritado um dos seus capangas da erraticidade.

– Não me desafie, pois tenho condições de mandá-lo para as zonas infernais!

Feitosa caminhava de um lado para o outro do recinto, quase escuro e lúgubre, onde se encontravam naquele momento. Refletiu um pouco e depois falou mais calmo:

– Sandro tem um filho que foi iniciado nas drogas e que é fácil de ser influenciado, por ser meu neto. Vou fazer com que ele me passe informações e, então, ficaremos preparados a fim de que o pessoal que trabalha para o Homem de Nazaré não consiga atrapalhar nossos planos.

Um dos comparsas de Feitosa ficou surpreso quando ouviu que ele sacrificaria até mesmo o neto para atingir os seus fins.

– Não posso acreditar no que estou ouvindo!

– Você pode se explicar melhor? – perguntou o velho Feitosa.

– Sacrificar o próprio neto em prol dos seus negócios sujos? – questionou o homem. – Isso é demais para mim!

– E quem é você para me repreender? Um elemento que matou a própria esposa para se apoderar dos seus bens é muito pior do que isso!

– Mas o meu erro não se compara com o seu, nem de longe. Você está tentando acabar com toda a família em nome de uma vingança do passado, como se isso fosse desculpa para realizar os seus instintos maléficos.

– Lauro, não tente ser bonzinho. Todos que estão nesta quadrilha são pessoas relegadas a viverem nas trevas, por isso temos que tirar o máximo proveito disso.

– Não conte comigo para destruir a vida de um garoto que ainda não completou a maioridade – disse Lauro. – Além disso, não o conheço, portanto não tenho motivos para influenciá-lo a seguir o caminho do mal.

– Deixe de ser sentimental e faça o que ordeno, ou então pode deixar o grupo!

Lauro ergueu-se calmamente e fitou o chefe com ironia, depois disse com voz firme:

– Eu sei dos meus defeitos, mas ainda tenho esperança de que um dia Deus perdoe os danos que causei ao meu semelhante. Já comecei a perceber que quem vive fazendo mal aos outros jamais poderá ser feliz.

– Então, pode ir embora – ordenou o patrão.

Lauro fez um gesto de despedida para os colegas e saiu de cabeça baixa, tomando um destino desconhecido para os demais.

Feitosa, depois de um longo tempo em silêncio, falou aos que ficaram:

– Vamos agir rápido. Não quero cair na armadilha que os filhos da luz estão urdindo.

O TRATAMENTO

25º CAPÍTULO

No centro espírita, numa das salas reservadas no plano espiritual, encontravam-se reunidos Idalino, Adália e Sandro conversando, enquanto esperavam o início da reunião.

Sandro Luís estava ansioso, esperando as pessoas que havia contatado.

Adália, que conversava sobre um assunto de muita importância com Idalino, notou o aspecto preocupado do amigo e comentou:

– Meu querido, parece-me que você está ansioso.

– É verdade. Temo que o pessoal que convidei falte à reunião.

Sorrindo, Idalino disse para o amigo:

– Os seus parentes não faltarão ao compromisso assumido.

– Como você sabe que todos virão?

– Acompanhei-os durante as visitas que fizeram ao centro. Observei que todos estão entusiasmados com o tratamento espiritual recomendado pelo nosso irmão Rômulo.

O dirigente espiritual aproximou-se do rapaz e, pondo a

mão sobre o ombro dele, tentou acalmá-lo.

– Nosso dirigente encarnado solicitou que eles assistissem à reunião de hoje, com o objetivo de verificar quais são os irmãos que os influenciam, ou seja, os causadores desses problemas.

– Qual o motivo alegado por nosso irmão Rômulo, solicitando que eles assistissem a essa reunião?

– Vários espíritos ignorantes, enviados por Feitosa, tentavam atrapalhar as orientações espirituais no momento do atendimento, por isso seus parentes foram aconselhados a participar da reunião de hoje. Rômulo também aproveitou para observar o grau de mediunidade do qual são portadores.

Sandro calou-se por alguns instantes, mas logo perguntou:

– Você não falou do meu filho Júnior. Será que ele vem também?

– Claro. O garoto e o Flávio são peças importantes do esquema que será posto em prática logo mais.

– Não esqueça que o responsável por este pronto-socorro junto à Colônia Espiritual Luz Eterna é o nosso irmão Idalino – explicou a irmã Adália. – Todo esquema para a realização dos trabalhos de hoje à noite, foi planejado por ele.

Pensativo, sem poder conter sua curiosidade, Sandro apontou para uma sala e perguntou:

– Como esse pessoal vai se acomodar naquela sala se não há lugares para todos?

– Eles não entrarão no recinto da reunião. Essa atividade é essencialmente privativa. Não é permitida a presença de pessoas encarnadas, além da equipe de médiuns, bem treinada e consciente da tarefa – respondeu o espírito responsável pela operação que estava sendo desencadeada com o propósito de ajudar a família do Sandro Luís.

– Então, eles ficarão no auditório onde ocorrem as reuniões públicas?

– Exatamente. Ficarão em prece, sob a orientação dos irmãos encarnados responsáveis por eles.

O espírito em missão olhou para os companheiros e quis perguntar mais alguma coisa, mas Adália respondeu, como se soubesse o que ele iria questionar dessa vez:

– Feitosa já sabe de tudo e está fazendo o possível para abortar os nossos planos, todavia os companheiros desencarnados estão atentos e não permitirão que ele alcance seus fins. A nossa casa é envolvida por vários círculos fluídicos que a protegem, evitando a entrada, em suas dependências, daqueles que não serão autorizados por Deus, Jesus e os espíritos superiores, a não ser que os médiuns, através de suas imperfeições, deixem espaços por onde eles possam se infiltrar.

O rapaz baixou a cabeça e pensou: "A espiritualidade superior trabalha muito bem e sem falhas. Estas, quando ocorrem, são de nossa inteira responsabilidade, tendo em vista que Deus não intervém no livre-arbítrio de Seus filhos, a não ser para evitar que um inocente pague por um erro que não cometeu."

Fora da instituição havia um aglomerado de espíritos desencarnados: uns choravam, outros blasfemavam contra Deus ou ameaçavam os encarnados presentes no recinto. Nesse ínterim, alguns jogavam pedras e objetos no telhado do prédio, que se encontrava protegido por uma forte luz. Nossos queridos irmãos ignorantes não conseguiam se aproximar e aqueles que tentavam sentiam dores terríveis, que os afastavam, evitando que as atividades realizadas naquela casa sofressem qualquer interrupção. Havia uma porta que desembocava em um tubo, por onde as pessoas encarnadas e desencarnadas autorizadas passavam protegidas das investidas do mal.

Passados alguns minutos, observou-se que algumas pessoas começavam a chegar, tanto trabalhadores como pacientes. Um considerável número de desencarnados era acompanhado por irmãos protetores, com o fim de se submeterem a algum tipo de tratamento.

Neste momento, Sandro se levantou assustado e surpreso ao vislumbrar Alessandra, Júnior, Eveline e Sandrinha adentrarem o auditório. Ele observou a entrada, procurando Flávio, Marcos e Lídia, porém não os viu e ficou preocupado.

Após alguns minutos, parou um carro na porta da instituição. O restante dos convidados que ainda não haviam chegado desceu do automóvel e se encaminhou ao auditório.

Rômulo estava na porta e recebeu-os com sorriso e uma palavra de carinho. Em seguida, os encaminhou para um setor onde ficariam em prece durante a realização da reunião, sob a orientação de um coordenador. Depois se dirigiu para a sala onde seria realizada a reunião e convidou os médiuns a tomarem os seus devidos lugares.

O dirigente espiritual, imbuído de sua responsabilidade, convidou Sandro e Adália a direcionarem-se a uma sala de onde ele poderia controlar todas as atividades da casa. Quando entraram, ele pediu aos amigos:

– Irmão Sandro Luís, sente-se naquela cadeira e, a partir de agora, evite pensar em tudo que não condiz com a nossa casa. Quanto a você Adália, tome lugar ao meu lado, pois hoje preciso muito de sua experiência.

Rômulo iniciou a reunião lendo um trecho de "O Evangelho segundo o Espiritismo" e em seguida fez a prece de abertura, iniciando as atividades da noite.

Enquanto Rômulo fazia a prece, os desencarnados e médiuns videntes verificaram que a estrutura interna da instituição se modificava. Um imenso salão, semelhante a uma enfermaria, substituía aquela pequena sala. Eram observados vários doentes deitados em leitos apropriados para cada caso. Alguns vociferavam totalmente desequilibrados, enquanto outros se assemelhavam a animais, tal era o estado de perturbação no qual se encontravam.

Sandro não perdia nenhum detalhe. Às vezes, não conseguia controlar as lágrimas, que teimavam em descer dos olhos ao ver o sofrimento daquelas criaturas. Se aquela reunião, à qual alguns encarnados não davam a menor importância, fosse percebida como realmente acontece no mundo espiritual, muita gente procuraria levar os trabalhos de um centro espírita mais a sério. Viu também vários irmãos dementes, acorrentados, enquanto outros choravam e se lamentavam pelos erros cometidos no passado.

Idalino estava tão concentrado que praticamente havia desaparecido e cedido seu lugar a uma luz radiante, que se movimentava em todos os sentidos. Essa luz se movia como se estivesse orientando os trabalhadores da Seara do Mestre. Enfim, tal movimento bem sincronizado tinha o objetivo de auxiliar na recuperação daquelas criaturas de Deus que erraram por ignorância.

O dirigente da reunião dos encarnados atendia a um rapaz desencarnado que se comunicava através de uma médium, enquanto outros desencarnados se preparavam para receber orientações dos doutrinadores.

A luz continuava volitando em todos os lugares do centro espírita.

Sandro viu a luz voltar para a cadeira e o dirigente espiritual tornar-se visível novamente. Ele parecia transparente e de seu corpo refletiam cores diferentes.

– Meus irmãos, Feitosa está neutralizado e pronto para entrar na casa quando for autorizado – informou o espírito Idalino, com o olhar fixo em algo muito distante, que somente ele vislumbrava.

Sandro olhou para aquele homem e sentiu uma admiração muito grande, porque ainda não havia atentado para o seu elevado grau espiritual.

– Desculpe-me, irmão, mas eu queria saber como Alessandra, Eveline e Sandra vão ajudar neste trabalho – questionou o espírito Sandro Luís, com ar de quem estava preocupado.

– Elas já estão ajudando há muito tempo, doando energias fluídicas para vários irmãos necessitados. Essas criaturas percebem que são sensitivas e que necessitam deste ambiente para equilibrarem suas energias e ajudarem os necessitados. Nossa irmã Alessandra vai travar uma luta muito grande para salvar o filho das mãos dos malfeitores espirituais, mormente aqueles que estão influenciando-o diretamente a usar essas malditas substâncias químicas, que conhecemos como drogas. Quanto a Eveline e Sandrinha, estas necessitam urgentemente trabalhar neste lugar, pois quando Feitosa souber que elas tiveram alguma relação afetiva com o filho, a vingança dele será terrível, capaz até de prejudicá-las.

De repente um médium começou a esbravejar na sala de reunião. Com calma, segurança e muita fé em Deus, o dirigente solicitou, numa prece muda, aos espíritos do bem, que os protegessem.

Neste ínterim, Idalino deixou a cadeira e, em frações de segundo, novamente se encontrava em forma de luz, atrás de Rômulo, orientando-o a conduzir a reunião.

O espírito que gritava era Feitosa, que soltava pela boca uma espuma amarelada.

– Sou o chefe de tudo e vocês vão pagar muito caro pelo que estão fazendo!

Rômulo deixou que ele falasse à vontade e somente depois disse, intuído pelo dirigente espiritual:

– Meu irmão, no universo só existe um Chefe Supremo, que é o Pai que está nos céus, disse Jesus, Nosso Mestre.

– Não me interessa isso! Eu só quero levar o meu pessoal que vocês trouxeram para cá!

– Meu irmão, quem são essas pessoas?

– Vocês sabem muito bem quem são! Quero ver o Sandro, que um dia foi meu filho! Preparei aquele covarde para assumir o comando de tudo que conquistei, no entanto, ele foi um fracasso! Sem força de vontade, deixou-se envolver por coisas sem futuro e por um sentimentalismo bobo! Agora, depois que foi atendido e socorrido por vocês, está querendo atrapalhar meus planos! Ah, mas ele não perde por esperar!

– Meu irmão, estou curioso para saber o que você ganha com tudo isso.

– Isso é conversa para me fazer cair na armadilha de vocês!

– Então, me diga o que você está ganhando para perturbar a sua própria família – perguntou o dirigente da reunião, intuído pelo espírito Idalino.

– Sempre fui o chefe deles. Durante várias existências, sempre estivemos juntos com a mesma finalidade. Na penúltima existência, esse bobo do Sandro fora um famoso cantor e compositor, empolgou multidões, mas estava sob a minha orientação, até que um dia, quando o preparava para assumir o comando dos meus homens, ele desencarnou subitamente. Comecei a prepará-lo novamente nesta encarnação, todavia, ele se perdeu nas drogas e deixou o mundo sem realizar os meus projetos.

– Meu irmão, está na hora de você começar a pensar na sua felicidade longe do mal, principalmente quando esse mal é contra as pessoas que amamos – orientava o dirigente espiritual através do dirigente encarnado. – Toda a sua família está no caminho da redenção e somente você continua intransigente em suas ideias seculares.

– Não quero mais saber de nada! Vou embora agora! Mas fiquem sabendo que, antes de perder tudo, levarei alguém comigo, porque colocarei meus homens no encalço deles vinte e quatro horas do dia, a fim de torná-los meus súditos como sempre foram! – rebateu o espírito Feitosa. – Destruirei todos que atravessarem o meu caminho!

– Lembre-se de Deus, meu querido irmão. Somos súditos do bem, porque somos filhos de Deus, o Criador do Universo.

– Alguém está me prendendo! Por que não me deixam solto? Por que não permitem que os meus homens entrem nesta casa? Estão com medo?

– Não temos medo de ninguém, pois o Senhor do Universo é também o Seu Criador, e Ele jamais permitirá que alguém sofra sem merecer. Estamos trabalhando para libertar nossos irmãos de seu jugo.

– Soltem-me! Vou embora! Diga para o imbecil e covarde do Flávio que vou pegá-lo na primeira oportunidade que tiver!

– Você não vai fazer nada contra o nosso irmão Flávio. Ele afastou-se dos trabalhos e se desviou do bem por sua influência, porém, agora, está de volta à casa e terá a nossa proteção, se Deus permitir.

– Não vou aceitar isso de vocês! Podem esperar, pois minha vingança será terrível sobre aqueles que caírem em minha armadilha!

– Tudo só acontece com a permissão de Deus e você, neste momento, precisa muito Dele para ter um pouco de paz. Há vários séculos, em cada reencarnação, você sempre promete que fará de tudo a fim de melhorar, entretanto, nunca se emenda. Mas como a misericórdia de Deus é infinita, Ele tem toda paciência do mundo para esperar que um dia você melhore, libertando-se da matéria que tanto adora.

– Não quero mais falar! Deixem-me ir embora!

De repente ouviu-se uma gargalhada. Feitosa fora embora, jurando e ameaçando a todos.

Rômulo pediu que os presentes fizessem uma prece por aquele irmão, que de tão perturbado não falou o nome de Deus uma única vez.

Com uma prece, o trabalho chegava ao fim, enquanto Idalino despachava orientações para todos, através da mediunidade de Rômulo, dirigente encarnado da reunião, principalmente aos encarnados que estavam em tratamento espiritual.

Após a reunião, o pessoal deixou o centro. Sandro ainda se mantinha calado, muito impressionado com o que presenciara. Ele fitou Idalino e comentou:

– Meu irmão, não vi o chefe da falange que está por trás de Feitosa.

– Esta noite a proteção sobre a casa estava tão forte que o espírito que veio desafiar os trabalhadores da Seara do Mestre foi aprisionado e levado para um local onde ficará isolado por algum tempo.

Os familiares de Sandro despediram-se, principalmente do presidente do centro espírita, e foram embora.

Alessandra saiu muito impressionada, pois como sensitiva presenciou quase tudo que havia acontecido no plano espiritual, inclusive a manifestação de Feitosa.

Flávio sentiu o corpo tremer do início da reunião até o final e saiu prometendo que faria de tudo para mudar dali para frente, nem que tivesse de sair da empresa. Também prometeu a si que ainda naquela noite procuraria a ex-mulher Cristina Maria e tentaria ajudá-la.

Alessandra prometeu estudar a Doutrina Espírita e participar mais assiduamente das reuniões.

Marcos permaneceu calado ao lado de Lídia e fez apenas um breve comentário:

– Não pensei que o Espiritismo fosse tão sério como presenciei. Sabe, até estou me sentindo mais leve. Acho que vou pensar melhor, começando por deixar de beber.

Emocionada, Lídia o abraçou forte e, sorrindo, apoiou o namorado:

– Estou muito feliz com a sua decisão, pois seremos felizes se procurarmos o lado do bem. Vou ajudá-lo, meu amor. Tenha fé em Deus!

Eveline e Sandrinha entreolhavam-se e abraçaram-se emocionadas, satisfeitas com tudo que ocorreu durante a reunião.

– Irmão, você pode me tirar uma dúvida? – perguntou Sandrinha ao presidente do centro, antes de ir embora.

Os espíritos Idalino, Sandro e Adália estavam na porta de saída do centro, ao lado de Rômulo, tentando ajudá-lo, por intuição, a responder as perguntas de alguns irmãos.

Sandro chegou perto de Rômulo e colocou a mão no córtex dele, transmitindo a resposta que ele daria para a filha:

– Minha querida irmã, nesta casa você pode perguntar o que quiser.

– Será que o meu pai está em condições de frequentar esta casa espírita?

O dirigente respondeu, intuído pelo pai da menina:

– Sim. Ele está aqui neste momento, sorrindo para vocês.

Eveline e Sandrinha começaram a chorar.

Sandra falou para a mãe:

– Ouviu, mamãe? O papai está aqui!

– Minha filha, senti a presença dele o tempo todo e agora sei que está bem próximo a nós, mas vamos deixá-lo cumprir sua missão. Depois falaremos com ele.

Ambas foram embora muito impressionadas, prometendo que voltariam e se engajariam nos trabalhos da instituição.

Chegando a casa, Marcos sentou-se no sofá bastante impressionado com o ocorrido e pensou: "Amanhã voltarei ao trabalho. Continuarei lutando e trabalhando para me casar e ser feliz enquanto é tempo. Só peço a Deus que me ajude".

Flávio foi direto para casa de Cristina Maria. Ela estava deitada em seu quarto numa situação comovente. Todavia, como não foi lá para criticá-la e sim para ajudá-la, sentou-se na cama e fez um carinho na cabeça da ex-mulher, chorando, penalizado com o estado dela. "Meu Deus, quanto mal fiz a esta criatura! Sei perfeitamente que apesar dos seus defeitos, ela me ama e eu não soube transformar esse amor em algo positivo e bom. Tirei dela a única coisa boa que tinha. Vou lutar para deixá-la sã, porque sei que é uma mulher forte e de fibra", pensou, enquanto tirava os sapatos e deitava-se ao lado dela sem fazer barulho, até que adormeceu.

Assim que amanheceu, Cristina ficou surpresa ao ver o ex-marido deitado ao seu lado e pensou: "Que coisa estranha! O Flávio deitado na mesma cama que eu!" Após fazer sua higiene matinal, sentou-se numa cadeira e esperou que ele acordasse.

O ex-marido acordou e não viu a esposa, entretanto, ao olhar de lado, notou-a sentada num canto do quarto. Ergueu-se e depois de espreguiçar-se a cumprimentou:

– Bom-dia, Cristina!

– Bom-dia – respondeu a mulher meio desconfiada. – Explique-me, por favor, o que está acontecendo.

– Quero voltar para você e tentar reconquistar nossa vida. Erramos, mas é justo que nos ajudemos. Não quero saber absolutamente nada de seu passado, só me interessa o presente e o futuro.

Sem saber o que dizer, Cristina começou a chorar de emoção. Após se acalmar, disse para o ex-marido:

– Flávio, eu vou contar tudo que fiz neste tempo que passamos separados. Depois disso, se você ainda me quiser, estou disposta a lutar para ser feliz.

Cristina Maria narrou tudo, inclusive sobre os vícios que havia adquirido.

O ex-marido a ouviu com calma. Depois se ergueu, pegou sua mão e beijou-a e, emocionado, disse:

– Sei que vai ser difícil, mas Deus está do nosso lado e tenho certeza de que venceremos. Começaremos pela empresa, pois enquanto você se submete a um tratamento espiritual e material, eu vou acertar alguns negócios para trabalharmos juntos, como antigamente.

Cristina abraçou o ex-marido e chorou como se estivesse

acordando e saindo de um pesadelo horrível, do qual tentaria se recuperar de qualquer maneira.

Na noite anterior, na residência de Alessandra, Júnior chegou muito revoltado e foi logo dizendo:

– Se a senhora pensa que vou frequentar aquela casa de malucos está enganada!

– Meu filho, amanhã conversamos. Agora vamos dormir, por favor.

Júnior foi para o quarto furioso, deixando a mãe muito preocupada.

Assim que chegou em casa, Eveline se sentou em um sofá, chamou a filha, sentando-a em sua perna e comentou:

– Minha filha, você tinha razão. O Espiritismo é uma religião muito bonita. Estou pensando seriamente em começar a frequentar as reuniões e arranjar alguma coisa para fazer na área social. Desejo também ajudar o meu próximo, pois precisamos agradecer a Deus as dádivas que recebemos. Você sabe muito bem que a minha vida pertence ao seu pai e que não existe outro homem para mim. Nunca amei alguém nesta vida, a não ser aquela criatura que conheci em plena dor.

– Mamãe, conversei com a minha amiga e ela me informou que existem várias atividades num centro espírita, inclusive evangelização infanto-juvenil. Acho que começarei estudando a Doutrina nessas reuniões específicas para jovens.

– Minha filha, se você não se incomoda, quero começar o mais rápido possível.

– Claro que não me incomodo, minha querida mãe!

Júnior acordou cedo e saiu sem dizer nada para a mãe. Foi se encontrar com os amigos numa praça abandonada.

– Olá, mano – cumprimentou um dos amigos. – Aproveita nosso embalo e fuma logo uma pedra, aí!

Júnior, que já era dependente, aceitou o convite imediatamente e fumou duas pedras, ficando meio eufórico e falando coisas esquisitas:

– Pessoal, tem um velho aqui perto rindo e me chamando de neto. Ele diz que devo continuar assim, pois tem uns planos para nós.

– Acho que o Juninho está muito "doido" – disse um deles.

– A cada dia que passa ele fica mais fraco – disse outro.

Júnior se encontrava estático e rindo para o tempo, falando coisas sem nexo:

– Esses caretas acham que o mundo de hoje é aquele de antigamente, não é, irmão?

Feitosa estava abraçado ao neto e incentivava-o a fumar mais *crack*, até que o garoto perdeu a noção de tempo e espaço, ficando encolhido atrás de uma árvore, sem saber o que estava acontecendo.

O espírito Sandro estava sentado num banco da praça e observava tudo sem saber o que fazer para salvar o filho querido daquela maldita droga destruidora de lares. Sentia-se impotente, pois compreendia que a recuperação de alguém depende da própria pessoa e não via no filho nenhuma vontade de largar aquele vício.

Júnior apertava o estômago e sentia vontade de fumar qualquer coisa, até que meteu a mão no bolso e tirou um cigarro amarrotado de maconha, fumando-o com volúpia. Depois começou a olhar o tempo, como se estivesse acordando, sendo observado pelo avô Feitosa e pelo pai Sandro.

Sandro Luís aproximou-se do garoto e começou a chorar, abraçando-o e pedindo:

– Pelo amor de Deus, meu filho! Saia desse caminho enquanto é tempo!

Neste momento, notou que o Dr. Antônio do Carmo apareceu, abraçando Juninho com a ternura de um pai e lhe transmitindo energias benéficas. Ele fitou com bondade o espírito Sandro e disse-lhe:

– Meu filho, há várias existências que Júnior vem trilhando o caminho do mal, pois sempre teve tendência a fazer coisas erradas. Portanto, meu querido irmão, enquanto o nosso amiguinho não demonstrar vontade de sair deste buraco, nada poderemos fazer. O livre-arbítrio é o instrumento que temos para fazer justiça aos nossos méritos, ou seja, conseguirmos vencer nossas batalhas. O seu filho reencarnou na mesma família que a sua porque vocês sempre estiveram juntos em determinadas empreitadas, em existências passadas, infringindo a lei de Deus.

– Mas como suportarei tanta dor, vendo o meu filho, que ainda é uma criança, acabando-se como um animal qualquer, sob o domínio dos bandidos do além, que são os maiores incentivadores do consumo desses venenos, que aos poucos vão minando as forças de espíritos fracos como eu?

Sandro começou a tremer e a chorar, hipnotizado pelos demais viciados, que consumiam várias drogas no momento.

O bondoso espírito Dr. Antônio do Carmo olhou com carinho para o seu pupilo e disse-lhe:

– Meu filho, tome bastante cuidado com você, haja vista a tentação do mal ser muito forte. Os laços que prendem um espírito à matéria são tão fortes que levam milhares de anos para se libertar. Você fez um tratamento, mas deve estar sempre atento, porque o cuidado que devemos ter quando estamos em contato com a realidade do mundo material deve ser dobrado.

O espírito entendeu o que o Dr. Antônio queria lhe avisar.

– Estou lutando muito, doutor, mas realmente é muito difícil encontrar a nossa libertação.

Após ter sido abraçado por Dr. Antonio, Juninho começou a melhorar. Ergueu-se sem nada dizer para os amigos e tomou o caminho de casa.

O pai de Júnior agradeceu ao espírito amigo dos pobres e necessitados e acompanhou o filho.

Ao chegar, Juninho foi direto para o quarto dormir.

Alessandra foi atrás do filho no quarto e notou que ele havia usado uma dose muito grande de droga. Ela pensou: "Meu Sandro, eu não vou aguentar mais essa dor! Você não sabe o quanto sofri com o seu desaparecimento e sinceramente não estou preparada para aguentar mais essa desilusão, vendo o meu filho se acabando. Não adianta interná-lo, pois tenho certeza de que ele fugirá. Meu Pai, estou com as mãos atadas, sem nada poder fazer!"

O espírito Sandro Luís estava sentado na cama ouvindo tudo, sem saber o que fazer. Somente orava com fervor, pedindo a Deus orientações naquele momento. Ele ouviu a voz de Idalino em seu interior: "Sandro volte ao trabalho. Nossa missão é universal e estamos em espírito para ajudar aqueles que nos chamam em nome de Deus".

Sandro Luís entendeu o alerta. Beijou Alessandra e o filho e retornou aos seus afazeres junto aos necessitados encarnados e desencarnados que eram atendidos pelo Senhor do Universo.

O FILHO DE SANDRO LUÍS

26º CAPÍTULO

Sandro continuou trabalhando no mundo espiritual, ajudando os amigos Idalino e Adália na recuperação dos irmãos encarnados e desencarnados. Apesar do trabalho árduo, ele não esquecera de visitar seus parentes, com a finalidade de verificar se todos estavam conseguindo se livrar da influência espiritual de Feitosa, pois precisava saber se estava tendo algum êxito em sua missão.

Cristina Maria havia se internado em uma clínica para recuperação de dependentes químicos, sendo apoiada pela família, principalmente pelo ex-marido, apesar das investidas terríveis de Feitosa.

Flávio conseguira, com muita prece e a ajuda dos companheiros encarnados e desencarnados do bem, sair do assédio incessante dos espíritos levianos que faziam parte do bando de seu sogro desencarnado.

Um ano havia se passado desde que Sandro Luís assumira o compromisso de trabalhar na Terra, com a missão de ajudar seu semelhante contra o vício destruidor das drogas.

Com muito sacrifício e perseverança no bem, Flávio e Cristina Maria conseguiram se reconciliar, restabelecendo o casamento.

A irmã de Sandro Luís se recuperava muito bem, devido à enorme força de vontade que tinha. Quem a observasse atualmente, nunca se recordaria daquela mulher doente e precocemente envelhecida pelo uso de bebidas, drogas e noites mal dormidas. Ela havia prometido ao marido que, assim que saísse da clínica, começaria a participar das reuniões doutrinárias no mesmo centro que ele frequentava.

Enquanto isso, com a ajuda da namorada Lídia, Marcos fazia o possível para não ingerir nenhum tipo de bebida alcoólica. Entregou-se de corpo e alma aos negócios da família, mudando totalmente o modo de vida, mormente revendo os seus valores. Sempre que podia, recolhia-se em algum canto e meditava sobre o irmão Sandro Luís, pedindo perdão pelo mal que achava haver-lhe causado. Continuava frequentando o centro espírita juntamente com a noiva. Mandou fazer uma reforma na mansão, tornando-a habitável e livre daquelas energias nocivas.

Eveline e Sandra não perdiam nenhuma reunião no centro espírita, visto que ambas tinham afazeres ligados às atividades da casa.

Eveline procurava ajudar no que podia, principalmente na parte social da instituição.

Sandrinha fazia parte de um grupo de jovens espíritas e estava bastante satisfeita, pois sentia que naquela religião tinha oportunidade de ser útil a alguém.

Quanto ao espírito Feitosa, a cada dia que passava, perdia forças sobre a família encarnada. A proteção dos amigos espirituais fechava as portas para os espíritos inferiores através do trabalho no bem, ao qual a família dedicara-se, principalmente no auxílio aos irmãos sofredores.

O velho patriarca desencarnado ficava furioso por não

conseguir mais exercer poder sobre aquelas criaturas que tanto sofreram em suas armadilhas. Deus estendeu as mãos a Seus filhos quando estes manifestaram o desejo de mudar, reconhecendo-O como Pai Eterno.

Alessandra tornara-se espírita. Era uma trabalhadora séria e querida naquela instituição. Havia feito várias amizades e se tornara muito importante na cidade, em virtude das suas ações junto aos irmãos necessitados.

O grande problema continuava sendo o filho Júnior, que não queria frequentar o centro espírita e a cada dia se tornava mais dependente das drogas. Ele deixou de estudar e saiu do colégio, causando uma dor muito grande na mãe e no pai, o espírito Sandro, que sempre estava por perto acompanhando todos os seus passos.

Sandro passava horas junto ao filho, presenciando em várias oportunidades o menino se drogar. Era impotente diante daquela situação, pois não podia ajudar o garoto, a não ser orando pelo seu restabelecimento. Às vezes, se irritava e tentava tirar aqueles entorpecentes do filho, mas não conseguia, pois era um espírito desencarnado e estava no mundo invisível. Então, passava a mão na cabeça e pedia a Deus que não deixasse o filho ter o mesmo fim que ele.

Júnior era considerado um dependente químico, ou seja, não conseguia mais viver sem os vários entorpecentes que usava.

A mãe não lhe dava mais dinheiro, para evitar que ele comprasse drogas, porém isso não adiantava, já que o mesmo passou a vender ou trocar as coisas de casa por substâncias químicas. O pior era que o menino já estava completamente dominado pelo *crack*, uma droga barata, mas de efeito terrível e devastador. O poder de alienação dessa droga é muito grande e de rápido efeito, tornando o viciado insaciável. A "viagem", conhecida por seus usuários, é tão rápida que os obriga a fazer qualquer coisa para adquirir mais droga.

Sandro começava a se desequilibrar, pois não suportava ver o filho naquele estado de fazer dó a qualquer cristão. Certa vez chegou cedo ao local onde sempre estava Juninho e observou o vaivém daqueles restos de seres humanos, que passavam o dia usando drogas baratas. Os que conseguiam mais dinheiro cheiravam cocaína, enquanto outros a injetavam nas veias ou em qualquer parte do corpo. Eles caminhavam como se fossem mortos vivos; era uma pena. Neste dia, ele observou o filho falando para os companheiros ao chegar:

– Consegui um pouco do pó branco.

– Então vamos usá-lo, mesmo sendo fraquinho, mas pelo menos a gente faz uma pequena pausa nesses bagulhos baratos e perigosos – falou um companheiro, apontando para a pedra que tinha na mão.

Com muito cuidado, Junior tirou um papel do bolso, colocou um pouco do conteúdo nas costa da mão e o aspirou com vontade. Depois, deu um pouco para os dois amigos.

– Vamos para trás daquela árvore experimentar o "pico" – convidou Júnior, apontando para um local esquisito.

O espírito do pai quase caiu em desespero quando ouviu o garoto falar em injetar droga na veia, pois sabia que isso seria o início do fim.

Júnior foi para um lugar esquisito, amarrou uma tira de borracha no braço e esquentou numa colher um pouco de pó misturado a um líquido, com a ajuda de um isqueiro. Após a fervura, colocou a mistura numa seringa e bateu na veia, injetando o conteúdo. Após a operação, começou a rir, deixando a seringa cair no chão. O garoto começou a falar coisas sem nexo com satisfação, enquanto os amigos aproveitavam o resto do pó, cheirando-o e passando-o nas gengivas.

Sandro Luís se ajoelhou e levantou os olhos para o céu. Sentira uma dor terrível no peito, porém ainda conseguiu se concentrar e suplicar ao Senhor do Universo:

– Meu Deus, não faça isso comigo! Sei que estou em dívida com o Senhor e sinto-me responsável pelo mal que está acontecendo com minha família, principalmente com meu filho. Quando reencarnei, trouxe uma missão muito importante, no entanto falhei, por fraqueza e, talvez, por não ter ideia do obstáculo que teria de enfrentar. Não tenho mais condições de ver meu filho nessa situação, pois também fui um viciado e talvez não exista dor neste mundo que se compare com as consequências que a droga causa em Suas criaturas, mormente no instituto sagrado da família.

O espírito chorava e soluçava tanto que não podia nem falar, todavia continuou sua súplica:

– Senhor deste Universo, orienta-me quanto ao que devo fazer neste momento crítico. Vejo o meu querido filhinho, que tanto brincou comigo quando criança, acabando-se aos poucos e nada posso fazer. A dor no meu peito é tão grande que não sei mais se continuo com a missão que recebi, em espírito, ou se fico com o Júnior, até que ele faça a sua última "viagem".

Sandro estava quase chegando ao desequilibro total, quando sentiu alguém o abraçando carinhosamente:

– Meu querido, não faça isso, pelo amor de Deus! O resultado desse gesto tresloucado seria fatal para você, que falharia mais uma vez, além de ter de arcar com as consequências funestas desse ato – disse o espírito que o enlaçava.

Ele notou que aquele espírito era sua amiga Adália. Ela continuou:

– Sei perfeitamente que, às vezes, é muito difícil triunfarmos em determinadas batalhas que surgem em nossas vidas. Que méritos teríamos se não lutássemos para vencermos nossas dificuldades com coragem e galhardia? Meu querido, esqueça o que se passou com você e trate de erguer essa cabeça para continuar orientando seu filho, pelo menos esperando-o do lado de cá, para ajudá-lo nessa passagem que não demorará acontecer.

– Sinto minhas forças fugindo e não sei mais o que fazer para salvar meu filho dessa besta que domina o mundo!

– Juninho tem muitos débitos a resgatar e Deus lhe concedeu esta reencarnação para que pudesse pagá-los, porém ele não suportou o peso dessa responsabilidade gravada em sua memória perispiritual – disse o espírito amigo. – Preferiu optar pelo lado mais fácil da vida. Em todos os tempos, ele sempre teve tendências ruins, levando centenas ou milhares de anos para bani-las do coração.

Sandro permaneceu calado, mas logo enxugou o rosto molhado de lágrimas e disse:

– Tenho sofrido muito, desde a época em que caí nas armadilhas fáceis da vida e destruí meu próprio corpo, mas nunca senti uma dor tão grande como esta, vendo o meu filho sendo abraçado por traficantes controlados pelos malfeitores das cidades umbralinas.

– Meu irmão, se soubesse a minha história, você veria que o seu sofrimento não se compara ao meu.

Sandro olhou espantado para Adália e perguntou-lhe curioso:

– Irmã, o que você fez de tão sério para estabelecer essa comparação ilógica?

– Meu irmão, se isso lhe serve de consolo, informarei apenas que enquanto você passou cinco anos em tratamento especializado na Colônia Espiritual Luz Eterna, eu passei mais de setenta anos nas zonas infernais, até que um dia o Senhor do Universo, através do Divino Mestre Jesus, estendeu a Sua santa mão e me colocou na Colônia, onde passei mais de quinze anos para recuperar parte de meu perispírito. Tive várias encarnações com a finalidade de filtrar os venenos que acumulei ao longo de apenas três existências, quando fui uma rainha, condessa e, por último, uma senhora de engenho. Está previsto que nos próximos anos eu reencarne novamente com uma missão importante para a diminuição das minhas dívidas, mas sinceramente estou com medo de falhar.

Sandro Luís encarou aquela linda mulher e jamais poderia imaginar que ela era uma ex-habitante das zonas infernais. Pensou no centro espírita e de repente se encontrou na sala de Idalino.

Idalino olhou o amigo com ar bondoso, mostrando em seus gestos toda a compreensão possível.

– Meu querido irmão, sentimos sua dor tanto quanto você, mas lembre-se da bondade e da justiça de Deus – disse ele. – Nunca duvide disso, pois se sofremos, não existe culpado. O Nosso Mestre Jesus veio à Terra com uma sublime missão: informar que ainda somos considerados crianças espirituais e o importante é a luta para alcançarmos nossa redenção.

Sandro ficou mais calmo e voltou a fazer o seu trabalho junto ao centro espírita onde estava locado, ajudando aqueles irmãos sofredores.

Alessandra encontrava-se deitada em seu quarto, de bruços, chorando e soluçando, sentindo uma dor terrível no peito, por saber que o seu bebê tão querido estava morrendo e logo teria o mesmo destino do pai. A cabeça estava tão perturbada que pensou: "Se tivesse coragem, poria um fim nesta minha vida de tanto sofrimento. Mesmo tendo aprendido muitas coisas na Doutrina Espírita, não é fácil seguir os ensinamentos dos espíritos de Deus e do Nosso Divino Mestre quando o problema existe e está acontecendo conosco".

Neste exato momento, Sandro chegou e sentou-se ao seu lado, fazendo carinho nela e dizendo:

– Minha querida, tenha paciência e fé em Deus. Tudo depende da vontade Dele. Lembre-se do que Jesus sempre dizia: "*Seja feita a vontade do Meu Pai que está nos céus*".

Alessandra acalmou-se um pouco e sentiu-se bem. Através de sua mediunidade, notou que havia uma entidade naquele quarto. Ela prestou atenção para tentar descobrir quem deveria ser aquele espírito benfeitor que lhe dera um passe, repleto de energias restauradoras. Para sua surpresa, descobriu que se tratava do espírito de seu marido. Ficou alegre por alguns momentos, pois sabia que havia alguém querido ao lado dela, ainda que no plano invisível. Ela começou a conversar com ele em voz baixa, como se estivesse encarnado:

– Meu querido, sei que você está aqui. Ajude-me a suportar essa dor, pois já não aguento mais.

O marido pensou: "Ah, se ela soubesse como minha dor também é enorme, pois além de ver o Júnior destruindo o seu vaso físico, ainda me acho culpado por tudo, embora cada espírito tenha suas próprias responsabilidades. Mas, se essa criança tivesse um pai presente em suas ações, informando desde cedo o quanto é perigoso enveredarmos por caminhos tortuosos, talvez ele não tivesse caído. Não fiz nada disso, pelo contrário, fui covarde e abandonei o barco e os meus passageiros."

Alessandra mantinha-se quieta e somente pensava, como

se estivesse em sintonia com o pensamento do marido: "Coitado do meu Sandro! Ele deve se culpar por tudo de errado que aconteceu em nossas vidas, mas se eu pudesse, colocaria a cabeça dele em meu colo e diria: 'Você não foi culpado de nada. Talvez a culpa tenha sido minha, por não tê-lo apoiado e ajudado quando mais precisava, mas isso passou e não tem mais volta. A única maneira de resgatar um pouco dessa dívida é sofrer com resignação e fé em Deus. Talvez nosso filho esteja sofrendo porque não seguiu os meus conselhos de mãe, preferindo ser adotado pelos traficantes'".

Neste momento, ela sentiu um vazio tão grande dentro de si, que imediatamente pensou: "Meu Deus, está acontecendo alguma coisa com o Juninho. É quase meia-noite e ele ainda não chegou. Vou procurá-lo, sei onde encontrá-lo". Ergueu-se imediatamente da cama e saiu correndo em direção a seu carro, tomando o caminho do local onde sabia que o filho se encontrava.

Sandro sentiu o mesmo que Alessandra, mas como era espírito, no mesmo momento estava no local, quase gritando ao ver o filho sendo atendido pelos companheiros, que massageavam seu coração.

Um dos amigos de infortúnio pedia, preocupado e nervoso:

– Juninho, respire fundo, senão você vai embarcar.

O garoto estava encostado numa árvore e um filete de sangue escorria de um pequeno furo em um dos seus braços, que estavam estendidos. Uma baba branca escorria da boca e os olhos, voltados para cima, pareciam observar algo que jamais saberemos.

O espírito Sandro deu um grito e botou a mão no peito, implorando:

– Meu Deus, não faça isso comigo! Salve o meu filho! Não

deixe que a minha criança morra antes do tempo!

O pai começou a chorar. Sua vista ficou turva e ele fez o possível para não se desequilibrar. De repente viu Alessandra descer do carro e sair procurando o filho. Assim que o encontrou, gritou desesperada:

– Meu filho, não morra pelo amor de Deus! Sua mãe não vai aguentar isso!

Juninho olhou para a mãe, então sorriu e murmurou, num esforço sobre-humano:

– Mãe, perdoe-me, por favor. Não chore, pois não mereço suas lágrimas. Diga para o pai, que está aqui chorando, que ele não teve culpa de nada. Eu sou o único culpado de tudo e mais uma vez fracassei.

Em seguida o menino começou a tremer, como se estivesse com frio, Alessandra colocou a cabeça do filho no colo e chorava copiosamente. De repente ele estremeceu e parou de se mexer. Ela colocou o dedo em sua veia jugular, à procura de batimentos cardíacos e, ao sentir que não havia mais vida naquele corpo, deu um grito, colocando as mãos na cabeça e desmaiou.

O espírito Sandro abraçou o filho e disse desequilibrado:

– Ninguém vai lhe fazer mal, meu filho! Nunca vou deixar!

Neste momento, vários espíritos inferiores aproximaram-se gritando e dizendo:

– Mais um para a nossa farra! Vamos levá-lo, enquanto o pessoal bom não chega!

Sandro tentou evitar que Júnior, em espírito, seguisse aquelas criaturas infelizes, todavia, foi inútil, pois as faixas de vibrações de pai e filho eram diferentes.

Alguns daqueles delinquentes do além se aproximaram do corpo físico inerte e colaram a boca no peito dele. Eles sugavam como se estivessem se alimentando de algo.

Sandro tentou evitar, mas não conseguiu, porque a lei de Deus é imutável. Quis se revoltar, porém alguém falava dentro de si:

– Cuidado, meu filho, para não blasfemar contra Deus. Lembre-se sempre de que a Suprema Inteligência é soberanamente boa e justa, por isso jamais falemos algo que transgrida as Suas leis, sob pena de mais tarde nos arrependermos amargamente. Deus jamais abandona Seus amados filhos. Nós, por vontade própria, é que nos afastamos Dele.

O pai de Júnior se controlou e naquele momento percebeu que era o Dr. Antônio do Carmo advertindo-o para não cometer injustiças, principalmente contra o Pai Eterno.

Alessandra voltou a si e, calmamente, providenciou para que o corpo do filho fosse removido para um lugar adequado.

Os familiares ficaram sabendo do ocorrido e levaram solidariedade à Alessandra, ajudando-a a tomar as providências necessárias que o caso requeria.

Sandro foi atendido pelo irmão Idalino, que lhe deu todo apoio possível, até que se recuperasse daquela situação triste.

Após alguns dias, já refeita da tragédia, Alessandra foi ao centro espírita e pediu ao irmão Rômulo que a deixasse trabalhar na evangelização infanto-juvenil, oportunidade que esperava para iniciar o seu trabalho de alerta contra as drogas.

O RETORNO

27° CAPÍTULO

Após esse triste episódio, Sandro voltou à Colônia Espiritual Luz Eterna e passou por um tratamento de urgência, para se recuperar dos problemas que havia enfrentado na Terra, como espírito.

Certo dia, Dr. Antônio do Carmo mandou chamá-lo em seu gabinete.

Sandro ficou desconfiado, pois quando aquele ser iluminado queria falar com alguém em particular, era porque o assunto se revestia de uma seriedade muito grande.

Após alguns minutos, Sandro estava em pé, defronte ao Dr. Antônio, que permanecia em silêncio, fitando seus olhos.

– Meu filho, prepare-se para voltar ao mundo corporal, com o objetivo de continuar seu aprendizado na Terra, agora como espírito encarnado – disse o bondoso médico, com um sorriso.

O espírito Sandro Luís surpreendeu-se e ao mesmo tempo teve medo. Depois perguntou:

– O senhor acha que estou preparado?

– Todos estamos preparados. Às vezes, o que nos falta é fé

em Deus e muita coragem para enfrentar os obstáculos, que servem de provação quando estamos encarnados.

O rapaz entendeu. Aproximou-se e perguntou com a cabeça baixa:

– Posso abraçá-lo?

– Pode sim, meu filho! Quem sou eu para dizer que um filho de Deus não pode me abraçar?

O espírito que logo reencarnaria mais uma vez na Terra aproximou-se mais, abraçou-o e começou a chorar. Depois disse:

– Muito obrigado, Dr. Antônio! Dessa vez o senhor não vai se decepcionar comigo!

– Vá com Deus!

Passaram-se uns cinco anos.

Marcos e Lídia se casaram e tiveram um casal de filhos, que era a alegria da casa. Eles continuavam trabalhando ativamente no centro espírita, sendo responsáveis por várias funções.

De comum acordo com a família, Alessandra transformou a velha mansão em uma instituição filantrópica denominada "A Casa do Bem", um lugar para a recuperação de jovens dependentes químicos.

Os ex-viciados eram acompanhados por especialistas no assunto, como médicos, enfermeiros, psicólogos, todos supervisionados por ela, que considerava os pacientes como "filhos da dor".

A viúva de Sandro Luís não se esqueceu de colocar em "A Casa do Bem" dias dedicados às reuniões doutrinárias, onde atuava como evangelizadora, aproveitando para implantar nos corações daquelas criaturas a lembrança da existência de Deus, para que todos, inclusive os profissionais, jamais se esquecessem de que nada pode acontecer no universo sem a vontade do Nosso Pai Eterno.

Flávio e Cristina Maria compraram uma belíssima casa e realizavam um trabalho muito bonito, adotando crianças abandonadas. Eles já haviam adotado dez crianças, que tratavam com carinho e como verdadeiros filhos consanguíneos.

Certo dia, sentados no jardim observando as crianças brincarem, divertindo-se com a algazarra que eles faziam, um dos garotos, de mais ou menos quatro anos, correu em direção a eles e parou, tentando se acalmar, pois estava cansado de brincar.

– Papai e mamãe, hoje não vou estudar – disse o menino rindo, porém com firmeza.

Os pais entreolharam-se.

– Por que, meu filho? – perguntou Cristina, fazendo-lhe um carinho.

– Porque vou aprender a tocar violão com a tia Sandrinha.

– Quem é Sandrinha, meu filho? – questionou Flávio.

– A professora de evangelização do centro espírita.

Cristina pegou a mão do marido e completou a resposta do garoto:

– Sandrinha é a filha de Eveline, evangelizadora do centro espírita, que tem verdadeiro amor por esse menino.

Flávio ficou calado, mas depois passou a mão na cabeça do garoto e perguntou:

– Meu filho, por que você quer aprender a tocar violão?

– Porque, quando eu crescer, serei um grande cantor e compositor.

– Você já andou conversando sobre isso com alguém?

– Todos os dias converso sobre isso com a tia Alessandra, que vai falar com vocês para me colocarem numa escola de música.

Novamente Flávio e Cristina se entreolharam, como se questionassem algo. Depois se voltaram para o filho e Cristina Maria anuiu com um gesto de cabeça:

– Tudo bem, meu filho. Siga a profissão que você desejar, desde que seja útil, honesta e atenda sempre ao lado bom do seu coração. Agora, venha cá e me dê um beijo.

Ele pulou no pescoço da mãe e a beijou, abraçando-a com força e agradecendo:

– Obrigado, mãe.

Flávio olhou para o filho e retrucou, com uma ponta de ciúme:

– E o meu beijo, filho?

O menino abraçou o pai com força e disse-lhe:

– Pai, eu também amo muito o senhor.

Depois saiu correndo e pulando, sempre olhando para trás e acenando para os pais, que choravam de contentamento.

Cristina enxugou as lágrimas e com ternura abraçou forte o marido.

– Meu amor! Todo dia agradeço a Deus por haver concebido esse filho. Confesso que já não tinha mais esperança de ser mãe.

– Cristina Maria, nós temos vários filhos, não se esqueça disso.

– Eu sei, querido, mas o Luís Felipe é o nosso único filho

consanguíneo e a minha intuição de mulher me diz que ele é muito especial.

Um pouco afastado, em pé, olhando para o garoto, um espírito que refletia como se fosse luz. Ele orava em silêncio: "Que Deus cuide de você, meu filho Sandro Luís!"

A entidade ouviu alguém chamá-lo e comentar:

– Dr. Antônio do Carmo, como sou feliz ao ver o meu filho Sandro Luís começando uma nova existência.

O bondoso médico dos pobres olhou para o espírito que falava e pediu-lhe:

– Minha querida irmã Maria Antônia, vamos orar a Maria Santíssima para que o nosso Sandro Luís vença sua batalha no corpo físico.

Ambos sorriram e foram se afastando, desaparecendo rumo ao infinito.

Fim.

Este livro foi impresso na
LIS GRÁFICA E EDITORA LTDA.
Rua Felício Antônio Alves, 370 – Bonsucesso
CEP 07175-450 – Guarulhos – SP
Fone: (11) 3382-0777 – Fax: (11) 3382-0778
lisgrafica@lisgrafica.com.br – www.lisgrafica.com.br